KUNSTHAUS ZÜRICH

Benedikt Loderer

histoire architecturale
u Kunsthaus Zürich
e 1910 à 2020

Scheidegger & Spiess

# TABLE DES MATIÈRES

e Kunsthaus Zürich est l'histoire d'une
volution, comme celle de la ville elle-même.
out commence sur la colline avec le
ünstlergütli, le bâtiment de Moser de 1910
étermine l'emplacement ; s'ajoutent
s bâtiments de Pfister et Müller, puis
hipperfield construit un troisième
unsthaus. Une balade à travers l'histoire
chitecturale, de 1813 à 2020.

# 1847 Commencement : le Künstlergütli

Au printemps de 1813, la Zürcher Künstlergesellschaft (fondée en 1787) acheta pour 9 200 florins à « Mesdemoiselles Katharina et Kleophea Ott » un terrain situé Halseisengasse, aujourd'hui Künstlergasse[1]. Cet achat à crédit, pour lequel la direction commerciale dut avancer 9 000 florins, est la première étape du parcours tortueux, qui allait durer un siècle, jusqu'au Kunsthaus Zürich. La grande maison alors située hors les murs, appelée dès lors « Künstlergütli », n'était toutefois guère appropriée pour des expositions d'art et l'on se mit rapidement en quête d'un terrain sur lequel on pourrait édifier un bâtiment d'art pour accueillir la collection, encore modeste. La colline était en effet trop à l'écart pour les artistes de Zurich. Or la Künstlergesellschaft ne put trouver de terrain à bâtir. Elle se contenta donc de son propre terrain, et ce qui avait été décidé en juin 1845 fut achevé le 3 octobre 1847 : le nouveau bâtiment de l'architecte Gustav Albert Wegmann (1812-1858), que Georg Germann surnommait le « Schinkel de Zurich ».

À côté de la vieille maison d'habitation devenue « Wirtschaft zum Künstlergütli » se dressait désormais le premier Kunsthaus Zürich. « L'hôte accueillait dans une maison les artistes et leurs amis ; dans l'autre il gardait leurs œuvres[2]. » Ce premier Kunsthaus était proportionné aux ressources financières de la Künstlergesellschaft. « Le plan de l'ensemble, assez modeste dans ses dimensions comme dans ses prétentions, était simple[3]. » Une cage d'escalier aménagée sur le petit côté du rectangle donnait accès à deux salles en enfilade, partagées en cabinets par des « coulisses ». À l'étage supérieur s'ouvrit à partir de 1886 une salle à verrière continue[4], les autres salles étant éclairées latéralement. On ignore si un éclairage au gaz y fut installé, et quand. Depuis 1854, il existait toutefois à Zurich une usine à gaz alimentant 436 points d'éclairage publics et 3 000 privés[5]. Les Zurichois découvrirent avec émerveillement l'éclairage électrique pour la première fois à l'occasion de l'exposition nationale suisse de 1883[6]. La chronique ne dit pas, en revanche, quand il apparut pour la première fois au Künstlergütli. Il y avait quand même une installation de « chauffage à air par M. Kölliker de Thalwil[7] ».

Le Künstlergütli sur la colline fut le premier Kunsthaus Zürich. À gauche se trouve le restaurant, à droite le bâtiment pour la collection et les expositions, création de l'architecte Gustav Albert Wegmann. Aujourd'hui se trouve à cet endroit l'Université Karl Moser.

La salle à verrière du premier Kunsthaus. La lumière pouvait être tamisée grâce à des tentures horizontales. L'accrochage des œuvres est résolument moderne : sous le plafond court un rail horizontal auquel sont fixées des accroches verticales. Les tableaux sont penchés vers l'avant, ce qui élimine les reflets.

1 Vonesch 1980, p. 129
2 Festschrift 1976, p. 5
3 Vonesch 1980, p. 145
4 Jehle 1982, p. 24
5 Bärtschi 1983, p. 243
6 Geschichte Kt. ZH 1994, p. 165
7 Vonesch 1980, p. 145

En résumé, selon Gian-Willi Vonesch, biographe de l'architecte, « Wegmann avait réussi là un bâtiment auquel rien ne pouvait être comparé en fait de charme et d'élégance, dans l'architecture zurichoise de l'époque[8]. »

En 1847, Zurich n'était qu'au début de sa carrière de capitale économique de la Suisse. Ses peintres étaient alors Heinrich Meyer, Wilhelm Huber, Jakob Ulrich ; le nouveau bâtiment du Kunsthaus fut financé par une association privée d'artistes et d'amateurs éclairés issus des classes supérieures de la société. Sur la colline naquit ainsi plutôt une sorte de local associatif avec possibilité d'exposition qu'un musée. Si l'on compare le Kunsthaus de Wegmann avec le musée Rath de Samuel Vaucher à Genève, ouvert en 1826, ou avec le Kunstmuseum de l'Augustinergasse de Melchior Berri, construit à Bâle entre 1844 et 1848, il apparaît clairement qu'au milieu du XIXe siècle, la Zürcher Künstlergesellschaft était plus proche des années 1800 que des années 1900. Impossible d'envisager à Zurich une construction comme le Altes Museum de Schinkel à Berlin (1830) ou la Alte Pinakothek de Leo von Klenze à Munich (1836), l'édifice muséal le plus influent du XIXe siècle. En 1847, la ville de Zurich comptait environ 17 000 habitants et la Künstlergesellschaft à peine deux douzaines de membres[9]. On était encore dans une petite ville, avec une petite bourgeoisie et un petit artisanat. Seul le chemin de fer allait tirer Zurich de sa léthargie.

8  Vonesch 1980, p. 146
9  Festschrift 1976, p. 6 *sq.*

# 8 | 5  Structure provisoire :
le Künstlerhaus

Le « Neubau » n'était vraiment adapté ni pour la collection ni pour les expositions : « notamment, le manque d'espace et d'éclairage était difficilement supportable[10] ». Les expositions furent donc organisées dans l'ancienne Tonhalle qui se trouvait sur la Sechseläutenplatz, puis après sa destruction dans l'ancienne Bourse, en haut de la Bahnhof-strasse. Toutes les tentatives de nouvelles constructions échouèrent, même celle d'un « Museum für Kunst und Altertümer » projeté en commun avec l'Antiquarische Gesellschaft sur le domaine de Lindenthal, l'emplacement actuel du Kunsthaus. Le conseil municipal ne voulait pas donner, pour y installer un musée, ce terrain que le conseiller Johann Heinrich Landolt lui avait cédé en 1885 par testament, pour une bouchée de pain. Les antiquités se retrouvèrent donc en 1898 au Musée national suisse, au parc de Platzspitz, qui est aussi depuis lors le Musée historique du canton et de la ville de Zurich. Le Musée national suisse, projet conçu dès 1799 par Philipp Albert Stapfer, alors ministre des Arts et des Sciences du gouvernement helvétique, allait d'ailleurs faire obstacle au nouveau bâtiment du Kunsthaus. Aussi longtemps que l'art et les antiquités étaient censés être unis sous un même toit, la longue querelle fédérale pour choisir la ville où devait s'édifier le Musée national bloquait la réalisation d'un Kunsthaus à Zurich. En 1891 seule-ment, le Parlement fédéral opta finalement pour Zurich. La construction du Musée national au Platzspitz laissa la voie libre pour le Kunsthaus[11]. Mais le concours organisé en 1893 pour l'extension du Künstlergütli se solda par un fiasco : il n'y eut pas de premier prix, la participation ayant été médiocre en ne réunissant que des membres de la Künstlergesellschaft.

En 1895 vit néanmoins le jour la première Kunsthalle de Zurich comme lieu pour des expositions temporaires, non plus cette fois sur la colline, mais non loin du haut de la Bahnhofstrasse, à l'angle de la Talstrasse et de la Börsenstrasse. Carl Kracht-Baur, propriétaire de l'hôtel « Baur au Lac » tout proche, céda le terrain au « Verein für bildende Kunst Künstlerhaus » nouvellement fondé. Les architectes Gustav Gull et Alfred Friedrich Bluntschli, le peintre Rudolf Koller et Albert Fleiner

10  Festschrift 1976, p. 5
11  Festschrift 1976, p. 9

(rédacteur de la *Neue Zürcher Zeitung*) formaient alors l'équipe dirigeante de cette association dont le nombre de membres dépassa rapidement celui de la vénérable Künstlergesellschaft : on en comptait 134 en 1888[12]. Ce n'était plus les vieux artistes et les amateurs de la vieille élite zurichoise, mais des marchands et des industriels – en bref, les représentants du nouveau Zurich de l'industrie et du commerce, qui donnaient désormais le ton dans cette nouvelle association. Ils organisaient des expositions pour des artistes de toutes les tendances et de tous les pays. Bluntschli conçut le projet et les plans de cet édifice d'un étage, qui comportait deux salles, l'une dotée de fenêtres normales et l'autre d'une verrière zénithale. L'accès était de plain-pied, au rez-de-chaussée : l'entrée était dotée d'une verrière ovale, encadrée de deux figures allégoriques de femme faisant fonction de porte-blason. Le Künstlerhaus avait ainsi l'allure d'un grand atelier – type fonderie – qui aurait été

Le Künstlerhaus, à l'angle de la Talstrasse et de la Börsestrasse, fut finalement inau... en 1895. C'était une constru... bon marché conçue par Alfr... Friedrich Bluntschli, qu'on... fierait aujourd'hui de « Kun... halle » ou d'« off-space ».

convertie en Kunsthalle. Personne ne se souciait d'un quelconque effet de représentation intérieure ou extérieure, mais on exigeait en revanche «une action artistique d'autant plus intense et plus forte[13]». La scène de cette époque érigea ainsi sa «baraque culturelle[14]». Le Künstlerhaus allait disparaître en 1914, après l'ouverture du Moserbau.

À l'été 1896, la vénérable Zürcher Künstlergesellschaft et le jeune Verein Künstlerhaus fusionnèrent pour former la Zürcher Kunstgesellschaft, toujours florissante aujourd'hui. Celle-ci gérait à présent en haut, dans le Künstlergütli, la bibliothèque et la collection; en bas, dans le Künstlerhaus, les expositions. On s'accorda toutefois sur le fait que seul un nouveau bâtiment pourrait résoudre le problème de place toujours plus urgent. En 1883, une tentative sans conviction s'enlisa sur le domaine du Künstlergütli. La solution fut en vue en 1899: la ville et la Kunstgesellschaft se mirent alors d'accord sur un échange de terrains, celui du Künstlergütli contre un espace situé près de l'hôtel de ville. Mais l'arrangement fut repoussé lors d'une votation populaire. On discuta ensuite d'un terrain à bâtir sur l'Utoquai, sans résultat. Alors revint sur la table des négociations la solution du landoltsche Lindenthalgut, entre Heimplatz et Hirschengraben, déjà évoquée en 1886. La veuve du défunt, qui possédait un droit d'usufruit viager dans la villa du Hirschengraben, accepta que l'on transforme le jardin jouxtant la Heimplatz. Cette place n'était apparue que vers 1880, à la suite des vastes remblaiements consécutifs à l'arasement partiel des fortifications baroques de la ville à partir de 1831. Après un siècle de recherches, on avait enfin trouvé le terrain pour édifier le Kunstmuseum de Zurich. Il n'est guère un endroit vacant sur les anciennes fortifications où n'ait été planifié le musée d'art la ville à un moment ou un autre.

13  Festschrift 1976, p. 5
14  Rapport annuel 1946, p. 5

# 19 10 Coup de maître : le Kunsthaus de Karl Moser

L'affaire était désormais lancée. En mai 1903, le jury du premier
concours public pour le projet trancha en faveur de celui de l'architecte
Haller, de Bad Zurzach, « qui vivait alors à Karlsruhe et travaillait
apparemment à cette époque pour l'Agence Curjel & Moser[15]. »
Karl Moser était membre du jury, ainsi que deux autres grands architectes de cette époque : Theodor Fischer, de Stuttgart, et Friedrich von
Thiersch, de Munich. Haller proposait un bâtiment d'angle massif,
à un coin de rue qui n'existait pas encore. Il était en effet prévu
de prolonger la Kantonsschulstrasse au-delà de la Heimplatz, jusqu'au
Hirschengraben. Un élément intermédiaire unirait ce bâtiment
d'angle à la Villa Landolt, ainsi incluse dans le premier projet. Moser le
réalisera avec son extension de 1925. Le plan de Haller « préfigure
des traits essentiels du futur édifice de Moser[16] ». La Kunstgesellschaft
n'en resta pas moins déçue du résultat de ce concours. La commission
de construction ne couronna finalement aucun des 57 projets
soumis comme digne d'exécution. Un second concours devait y porter
remède. Eurent le droit d'y participer ceux qui avaient été distingués lors
du premier et qui étaient membres de la Kunstgesellschaft.
Le premier tour avait réuni trop d'Allemands, selon les locaux. Les
mêmes considéraient d'ailleurs Karl Moser, bien que membre suisse
du jury, comme un Allemand, car il avait dirigé de 1888 à 1915, avec
Robert Curjel, la florissante agence d'architecture Curjel & Moser,
à Karlsruhe[17].

Le second concours, qui imposait cette fois un programme de
construction plus précis, fut lancé en mai 1904. Il n'y avait plus cette
fois dans le jury que des Suisses, qui ne figurent aujourd'hui que dans
les dictionnaires d'architecture. Il n'y eut pas de premier prix, mais
trois deuxièmes prix : Karl Moser (Karlsruhe), Pfleghard & Haefeli
(Zurich), Heinrich Müller et Rudolf Ludwig Jr. (Thalwil). Le comité
directeur de la Kunstgesellschaft eut à choisir entre ces trois projets :
le 2 juin 1904, par neuf voix contre deux, il trancha en faveur du projet
de Karl Moser. Les négociations entre la ville, la veuve Landolt, la
Kunstgesellschaft et l'architecte progressèrent rapidement, si bien que

15  Jehle 1982, p. 29
16  Jehle 1982, p. 30
17  Rössling 1986, p. 1 *sq.*

deux ans plus tard, le 15 juillet 1906, la votation populaire put avoir lieu avec succès. La ville concéda à la Kunstgesellschaft le terrain situé entre Heimplatz et Hirschengraben, et contribua à la construction à hauteur de 100 000 francs suisses.

Pour qui la ville faisait-elle construire le deuxième Kunsthaus ? Les sociaux-démocrates répondirent à la question en proposant une initiative : coupler les votes pour le Kunsthaus et un Volkshaus (maison du peuple). Un « oui » pour le Kunsthaus serait aussi un « oui » pour le Volkshaus. La bourgeoisie devenue prépondérante grâce à l'essor des chemins de fer, de l'industrie et du commerce, et qui soutenait le projet de Moser, répondit que son objectif déclaré était de rendre l'art accessible au peuple. L'accès au Kunsthaus serait donc gratuit trois après-midi par semaine, ce que la Kunstgesellschaft justifiait dans son rapport annuel de 1905 : « Si ce sacrifice [l'accès gratuit] a été décidé, c'est en vertu d'une réflexion idéale visant à faire de ce nouveau Kunsthaus une authentique maison du peuple afin de mettre fin aux discours vides de sens sur le caractère exclusif, hautain et aristocratique de l'art[18]. » La ville verserait désormais chaque année 5 000 francs de dédommagement en compensation de ce sacrifice financier.

Ulrike Jehle-Schulte Strathaus a décrit en détail dans son livre les nombreuses étapes intermédiaires que le projet de Moser franchit avec succès, entre le concours et l'exécution ; nous pouvons donc ici nous en dispenser. Le 17 avril 1910, le Kunsthaus fut inauguré solennellement, 99 ans après l'achat du Künstlergütli qui allait faire place au nouveau bâtiment de l'Université (l'autre chef-d'œuvre de Karl Moser à Zurich). La ville dénombrait à présent 191 000 habitants, soit plus de onze fois plus qu'un bon demi-siècle auparavant (il faut toutefois prendre en compte dans ce calcul la première intégration de communes environnantes). La Kunstgesellschaft comptait alors 1 064 membres, contre environ 25 en 1847[19].

Le nouveau Kunsthaus unit en un seul ensemble deux corps de bâtiments : celui des collections (« Sammlungsbau »), bloc de pierre qui marque l'angle de rue à venir, et une aile des expositions (« Ausstellungsflügel ») plus basse, jouxtant la Heimplatz. On a aujourd'hui l'habitude d'appeler respectivement ces blocs « Moserbau 1 » et

18  Jehle 1982, p. 37
19  Festschrift 1976, p. 5

« Moserbau 2 ». Le bâtiment des collections équivaut à un musée, l'aile des expositions à une Kunsthalle, les deux étant associés dès le départ dans le nouveau bâtiment. La hiérarchisation est évidente : l'entrée, mise en valeur par un avant-corps et par la façade « grecque » symétrique, détermine l'axe principal et le centre de gravité de l'ensemble. Le bâtiment des collections domine la composition. Il est « grand et sévère dans sa stéréométrie simple[20] ». Avec son mur fenêtré à deux étages, l'aile des expositions donne une impression plus ouverte, plus enjouée : ce n'est plus simplement un mur percé de fenêtres, mais un bandeau alternant saillies et redans, avec de larges ouvertures ménagées entre des colonnes géminées, intercalées de niches ornées de statues.

Ce qui étonne aujourd'hui par l'évidence qui s'en dégage, c'est de voir à quel point pour Moser le bâtiment était également de l'art. Le sculpteur Carl Burckhardt et d'autres travaillèrent ainsi de concert avec l'architecte, en unissant l'ornementation plastique et l'architecture dans une seule et même conception. L'emplacement des grands reliefs est clairement assigné par l'architecte : il est subordonné à la symétrie de la façade dans le bâtiment des collections, au rythme des axes de fenêtre dans l'aile des expositions. Le sculpteur reste au service de l'architecte, mais celui-ci crée de la place pour le sculpteur. Le mur est à la fois le support et l'arrière-plan. Mais le travail du sculpteur n'est nulle part de l'art appliqué, ornement ajouté après coup : il est toujours partie intégrante et indispensable de la construction. Comme le soulignait Moser, « on s'est efforcé de réintégrer la sculpture dans un rapport organique avec l'architecture et de la faire apparaître comme un élément de celle-ci[21]. »

Tout aussi étonnantes sont les énormes toits en verrière. Ils sont visibles depuis la rue et la verrière devient même pignon de temple, vue depuis la Heimplatz. Le Kunsthaus, une maison pour tous ? C'est plutôt un trésor dans lequel le peuple est autorisé à pénétrer.

Si le Kunsthaus de Moser est plutôt sobre de l'extérieur, son intérieur est tout différent : « Tout y respire l'encens de la Sécession, dans une mise en scène de marbre rouge de Nassau et d'ornementations tour à tour frémissantes et fastueuses à donner le vertige[22]. » Le temple de

Le bâtiment des collections (Moserbau 1) domine la composition du Kunsthaus de 1910. L'architecte Karl Moser a conçu pour le deuxième Kunsthaus Zürich une caisse de pierre rigoureuse et symétrique, couverte d'une verrière continue mais évoquant un temple grec.

L'aile des expositions (Moserbau 2) est accolée au bâtiment des collections. Ses façades sont souples et plus ornementées. Elles alternent saillants et redans. À l'étage supérieur, des colonnes engagées encadrent par paires les grandes baies. Entre elles s'intercalent des niches ornées de personnages sculptés.

20  Von Moos 2010, p. 15
21  Neujahrsblatt 1911, p. 44
22  Von Moos 2010, p. 13

l'art doit être empreint de solennité à l'intérieur : la contemplation artistique est une prière profane, que stimule et accentue le caractère sacré de ces salles. L'accès au grand escalier est toutefois en contradiction : il ne se trouve pas à l'extrémité du foyer traversant, là où l'axe de symétrie laisserait attendre une cage d'escalier pompeuse. À peine arrive-t-on à l'entrée principale qu'il faut tourner à gauche pour accéder à l'étage supérieur. Le grand escalier est placé de côté : c'est un développement, pas une scène, il n'est pas conçu pour la déambulation théâtrale de personnalités importantes. Parvenu à l'étage, on se retrouve dans un hall à double hauteur, mais la montée est interrompue, l'escalier ne continue pas : on traverse alors le hall à l'extrémité de laquelle il repart, après un quart de tour à droite.

Au rez-de-chaussée, le foyer n'est pas une prestigieuse salle de représentation, telle qu'on l'attendrait dans un musée d'art traditionnel, mais un « vestibule et espace d'exposition mal éclairé », comme Moser le mentionne sur les plans. C'est à proprement parler un vaste couloir qui distribue à droite les bureaux, à gauche le local pour les conditionnements. Le grand axe qui régit la façade se termine modestement par la fenêtre médiane du mur du fond, là où le grand escalier devrait aboutir dans le foyer. Malgré l'encens et « le Jugendstil monumental[23] », le Kunsthaus de Moser est un bâtiment républicain, un édifice bourgeois. Si on le compare au musée des Beaux-Arts de Lausanne déployé dans le palais de Rumine de l'architecte Gaspard André (1904), ce n'est pas seulement l'opposition entre l'École des Beaux-Arts et le Jugendstil, mais aussi entre l'opulence « princière » d'un escalier monumental et la modestie républicaine. Point de vantardise à Zurich.

Les salles d'exposition ont une allure solennelle : la contemplation artistique est une prière profane. Depuis la salle du premier étage, le regard suit central de l'aile des exposition La Vénus du sculpteur Carl Burckhardt domine l'espace la rotonde.

Le foyer est étonnamment b de plafond et l'axe spatial ne conduit nulle part. Moser a c un long couloir resserré, qui débouche sur rien. Il n'y a pa hall d'entrée représentatif a escalier monumental. À Zuri on ne parade pas.

23   Jehle 1982, p. 90

# Intermède :
# les variantes d'extension de Moser

En comparaison du Künstlergütli, le Kunsthaus de Moser de 1910 était gigantesque. Le directeur Wilhelm Wartmann dut se demander « comment les salles pourraient être correctement remplies[24]. » Les finances étant serrées, on eut l'idée de louer le rez-de-chaussée, côté Heimplatz, à la banque Leu qui y resta jusqu'en 1976, en réduisant toutefois de moitié la surface louée à partir de 1958. On réfléchit néanmoins dès le début à un futur agrandissement. En 1919, la ville offrit à la Kunstgesellschaft la Villa Landolt où furent installés les petits maîtres zurichois, l'architecte Johann Rudolf Streiff étant alors chargé de la restructuration.

Après la Première Guerre mondiale, Moser se demanda comment il pourrait agrandir le Kunsthaus. Jehle dénombre six projets, conçus entre juillet 1919 et janvier 1923[25]. Ces esquisses appartiennent à la période néoclassique de Moser. Celui-ci était depuis 1915 professeur d'architecture à l'ETH et il y reprenait l'exigence exprimée par Friedrich Ostendorf pour des règles claires et de nouvelles contraintes. L'église de Fluntern et sa résidence personnelle sont des exemples de la manière dont Moser suivait habilement l'air du temps – pour ne pas dire la mode architecturale. À Karlsruhe, il avait eu quotidiennement sous les yeux la restructuration du centre-ville par l'architecte classicisant Friedrich Weinbrenner (1766-1826).

Dans les six projets répertoriés, les plans obéissent au principe de la symétrie axiale. Le bâtiment des collections devient le corps de bâtiment central. Moser complète la symétrie en direction de la vieille ville avec une nouvelle aile d'exposition. Du côté de la Heimplatz naît alors une façade d'allure palatiale : le « temple grec » devient le centre dominant. Les six projets se différencient avant tout par l'utilisation des terrains encore libres, les maisons à conserver sur le Hirschengraben, la préservation ou la destruction de la Villa Landolt.

L'extension du Kunsthaus, projet de Moser en juillet 191[?]. Ce projet est une des six variantes proposées. La Villa Landolt est rasée, le Kunsth[aus] est agrandi « vers l'arrière » par un bâtiment arrondi, et l'aile des expositions est dou[blée] d'une aile symétrique.

24  Numéro spécial 1995, p. 12
25  Jehle 1982, p. 83

# Annexe:
# l'extension de Moser

Les collections augmentaient au fil du temps: en 1910, on dénombrait 670 tableaux et 39 000 œuvres graphiques; quinze ans plus tard, il y en avait respectivement 1 350 et 50 000[26]. Les finances de la Kunstgesellschaft ne permettaient plus une extension symétrique telle que Moser l'avait initialement envisagée. Il fallait qu'elle soit bon marché et ne dépasse pas les limites du terrain: la seule possibilité d'extension restait ainsi «vers l'arrière», dans l'espace encore disponible. Moser installa donc un cube entre le Kunsthaus et la Villa Landolt, relié au Kunsthaus agrandi par un bâtiment intermédiaire étroit en forme de part de gâteau. Entre la Villa Landolt et le Kunsthaus existait un dénivellement d'un étage que Moser compensait de cette façon. Ce premier agrandissement s'appelle aujourd'hui le «Moserbau 3».

L'espace le plus important de cette première extension était la salle de lecture de la bibliothèque, que Sigfried Giedion jugeait être «[...] le meilleur de ce que nous pouvons montrer aujourd'hui à un étranger arrivant à Zurich, en fait de nouveaux espaces intérieurs[27].» Cette haute salle à éclairage zénithal indiquait l'orientation du développement de l'extension projetée par Moser. De «l'encens de la Sécession[28]» émergeait alors en celui-ci un partisan convaincu de la modernité, qui faisait connaître à ses étudiants, en qualité de professeur, le Neues Bauen. Il trouvait en Hollande surtout ses nouveaux partenaires d'élection: les traditionalistes dénigraient et stigmatisaient d'ailleurs ce mouvement en le qualifiant de «manière hollandaise». La salle de lecture était sobre: un cube partagé horizontalement par les deux balcons blancs des galeries. Wilhelm Wartmann, alors directeur du Kunsthaus, exprima sa critique de la salle en écrivant: «L'oreille du maître de maison n'a recueilli à ce sujet qu'une objection: le nouveau bâtiment est sinistre et inhospitalier, tout simplement froid et hygiénique comme un hôpital[29].»

Coupe longitudinale sur l'axe du bâtiment des collections novembre 1925. À gauche, le bâtiment de 1910; au mili l'extension avec la salle de lecture et la bibliothèque; à droite la Villa Landolt. Les énormes volumes des verrières attirent particulièrem l'attention.

Dans l'extension de 1925, la de lecture est l'espace le plu important. Froide et fonction trop austère pour bon nomb contemporains, elle témoig de la réorientation de Moser le Neues Bauen. Cette salle lecture aujourd'hui disparue fait place à la boutique du m

26  Festschrift 1976, p. 13
27  Jehle 1982, p. 106
28  Von Moos 2010, p. 13
29  Festschrift 1976, p. 14

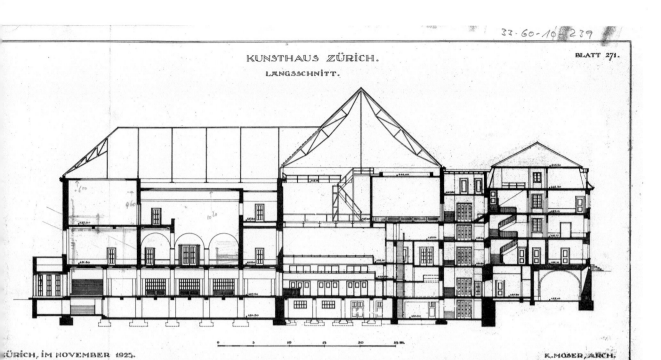

KUNSTHAUS ZÜRICH.
LANGSSCHNITT.

BLATT 271.

ZÜRICH, IM NOVEMBER 1925.

K. MOSER, ARCH.

De l'extension de 1925, il ne reste aujourd'hui que la façade sur le jardin. Un mur nu percé de quatre hautes fenêtres au premier étage, qui laissent encore deviner derrière l'ancienne galerie de sculptures.

Si le Kunsthaus de 1910 avait encore été une construction artistique, l'extension de 1925 est en revanche un «conteneur d'art» neutre. Les ornements ayant disparu, il ne reste que le mur à enduit lisse qui n'est qu'un fond ne relevant plus de l'architecture. Les salles sont neutres, utilisables pour différentes sortes d'accrochages, mais elles restent des salles fermées et des cabinets : les modifier et les combiner, personne ne l'envisageait. Le solennel a cédé la place à l'austérité. Avec la bibliothèque et la nouvelle salle de conférences, l'ensemble est agrandi en établissement d'enseignement, alors qu'il était auparavant un lieu de contemplation respectueuse. On ignore toutefois si l'extension du Kunsthaus attira à cette occasion un public autre que celui des élites bourgeoises cultivées.

çade de l'extension, avec
erie de fenêtres éclairant
alement la salle où étaient
sées les sculptures, est tout
ui est aujourd'hui conservé
Moserbau 3. On voit à gauche
timent intermédiaire
ant accès à la Villa Landolt.

illa Landolt intégrée dans le
sthaus, à droite, est tournée
le Hirschengraben, au pre-
plan. Au milieu, l'extension
er avec sa haute verrière,
ute «par-derrière» contre
la. À gauche, une maison
ancien parc.

s suivantes :

ieur de la verrière,
essus de l'extension Moser
25, avec vue sur celle
âtiment des collections
910. Au premier plan,
afond suspendu au-dessus
e salle d'exposition du
nd étage. L'escalier tout à
e conduit à l'espace vide
essus de la salle de lecture.
p. 23

6. V. 1925

# Nouvel intermède :
# un Kunsthaus moderne

À peine le chantier était-il achevé que Moser reprit ses projets d'extension. De 1927 à 1935, il conçut six projets supplémentaires. Tous tendaient à étendre le Kunsthaus en direction de la vieille ville, là où s'élève aujourd'hui le Pfisterbau. Deux d'entre eux méritent d'être mentionnés : le Palais des congrès (Kongresshaus) et la « distribution en peigne ». Afin de gagner de la place pour un palais des congrès et dans le même temps pour une extension du Kunsthaus, Moser proposa en janvier 1934 de faire raser tous les bâtiments existants entre Kunsthaus et Hirschengraben, y compris la maison où la fondation Pro Helvetia est installée aujourd'hui. La grande salle du Palais des congrès avait une capacité d'accueil de 3 000 personnes ; une plus petite, à côté, offrait 1 000 places. Un restaurant était également prévu. Vaine tentative : le Palais des congrès de Zurich se dresse depuis 1939 sur le quai Guisan.

La Heimplatz devait être elle aussi transformée, et figurait même sur les plans la « percée Zähringer » : la Zähringerstrasse devait être prolongée de la Zähringerplatz à la Heimplatz. La Maison des corporations (Zunfthaus) sur le Neumarkt et la Cour suprême (Obergericht) seraient également rasées. Était ainsi projetée une percée urbaine sur le modèle de celles de Haussmann à Paris, un projet typique de la seconde moitié du XIXe siècle qui ne fut définitivement enterré qu'en 1942. Il est remarquable, dans une perspective actuelle, que Moser ait conçu dès 1934 un grand bâtiment d'exposition sur l'autre côté de la Heimplatz, là où surgit aujourd'hui le projet de Chipperfield, dont l'ampleur offre une étroite parenté avec celle du projet de Moser[30]. Les deux gymnases ne lui parurent jamais dignes d'être conservés[31]. La distribution en peigne d'avril 1934 traite de façon encore plus draconienne le bâti existant. Moser ne se contente pas de raser toutes les maisons jusqu'au Hirschengraben, non : il supprime également une partie de l'Obere et de l'Untere Zäune, y compris la section haute de la Kirchgasse. Une étroite aile de liaison vient jouxter le bâtiment des collections, formant une ligne de façade « en peigne » sur la Heimplatz. Cette aile constitue la colonne dorsale qui ordonne les trois ailes d'exposition perpendiculaires :

30  Jehle 1982, p. 114
31  *Ibid.*

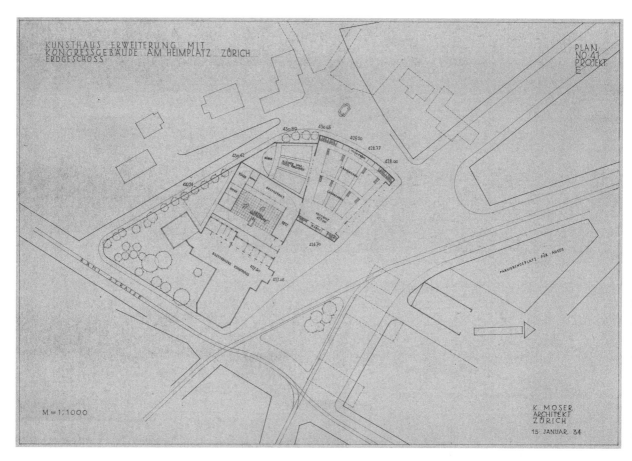

c'est la solution du « peigne » architectural. L'étage médian est éclairé latéralement; celui du haut possède un éclairage zénithal au nord, au-dessus d'un fenêtrage en appentis. Entre les dents du peigne architectural sont installés au rez-de-chaussée une salle de conférences de 1 000 places et un restaurant. Sous les arcades côté Heimplatz se trouvent des boutiques. Dans les années 1930, Moser avait plus de 70 ans, mais il était devenu entre-temps un militant convaincu du Neues Bauen. En 1927, par exemple, son église Saint-Antoine de Bâle est une réussite qui marque le début de la modernité en Suisse. Il rompt alors de façon radicale avec son passé architectural. Ses nouveaux projets d'extension ne tiennent plus aucun compte de son propre Kunsthaus de 1910. Toute symétrie néoclassique a disparu. Moser installe son extension moderne à côté dudit Kunsthaus comme un bâtiment autonome et cohérent, qu'il se contente de relier sans l'aligner. Les projets des années 1930 ne forment plus une suite d'espaces conçus sur mesure en fonction d'un bâti déjà existant: c'est une salle en longueur neutre, que l'on peut diviser en fonction des besoins.

Le projet du Kongresshaus de janvier 1934, là où se dresse aujourd'hui le Pfisterbau. Le percée Zähringer modifie la Heimplatz. Moser envisage de démolir la Cour suprême et certaines parties de l'Untere Zäune. Les gymnases doivent disparaître au bénéfice de l'agrandissement de la Heimplatz.

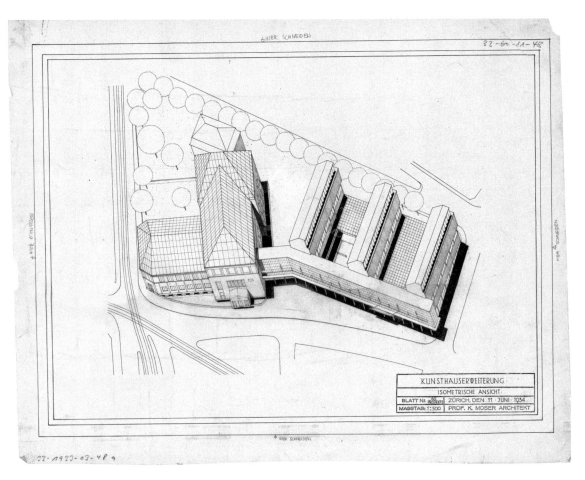

KUNSTHAUSERWEITERUNG
ISOMETRISCHE ANSICHT
BLATT Nr. ZÜRICH, DEN 11 · JUNI · 1934
MASSTAB 1:500 | PROF. K. MOSER ARCHITEKT

Il n'y a plus guère de différence entre espace d'exposition et espace des collections. Ce sont des galeries équivalentes, des couloirs d'exposition, et non plus des cabinets et des salles ordonnés et hiérarchisés. Le musée est désormais conçu comme une « usine pédagogique » où l'on produit de l'éducation artistique. La monumentalité n'a rien à faire ici : le Kunstmuseum est à présent d'une sainte austérité. Il en va tout autrement pour le nouveau bâtiment du Kunstmuseum de Bâle, conçu par Rudolf Christ et Paul Büchli, à l'instigation de Paul Bonatz, et inauguré en 1936. Les enfilades de salles y sont hiérarchisées, elles obéissent à un accrochage programmatique, et le bâtiment est un véritable palais de la culture, symétrique dans son plan comme dans sa façade – un palais, pas une station de contemplation. On peut douter toutefois que la distribution en peigne de Moser aurait réussi à franchir à Zurich l'épreuve de la votation populaire.

La distribution en peigne de l' 1934 par Moser est un projet autonome d'architecture mod qui se contente de jouxter le bâtiment des collections sans adjoindre quoi que ce soit. Un fausse façade cadre la Heimp ainsi restructurée. Un balda marque l'entrée de la salle de conférences.

# 98 | Un grand hall : le Pfisterbau

Après la mort de Karl Moser, en février 1936, le projet d'extension du Kunsthaus ne fut nullement abandonné. En 1938, le directeur Wilhelm Wartmann conçut un programme de travaux pour un nouveau concours d'idées. Hans Hofmann, professeur d'architecture et futur architecte en chef de l'Exposition nationale suisse de 1939, recommanda dans un rapport d'expertise d'aménager une « île de l'art » et de « cadrer la Heimplatz avec une construction fermée ». Il préconisait la création d'une grande place piétonnière, par le transfert partiel de l'intense trafic. Les grands traits du chantier reposèrent sur cette conception[32]. Le chantier de la deuxième extension ne démarra toutefois que le 15 juin 1941. L'industriel Emil Georg Bührle (1890-1956), propriétaire de l'usine d'armes et de machines-outils Oerlikon, obtint alors un droit de regard sur la programmation des travaux et assura dans la foulée une contribution de deux millions de francs, immédiatement versée au fonds de construction[33]. La commission de construction, à laquelle appartenait aussi Hofmann, travailla avec célérité et le programme du concours fut bouclé fin 1941. La Heimplatz préconisée par Hofmann en faisait aussi partie. Les vieilles bâtisses de la Krautgartenstrasse étaient naturellement vouées à la démolition, y compris le Café Östli, très apprécié[34]. En raison de la guerre, le concours traîna jusqu'en 1944. Eurent le droit d'y participer tous les architectes du canton de Zurich – citoyens établis ou simplement domiciliés – à l'exclusion des étrangers. Le jury du prix réunissait les architectes Arthur Dürig (Bâle) et Otto Dreyer (Lucerne), le professeur Hans Hofmann, l'architecte cantonal Heinrich Peter, Wilhelm Wartmann, alors directeur du Kunsthaus, Franz Meyer, président de la Kunstgesellschaft, et naturellement l'industriel Emil Georg Bührle. Le verdict tomba le 11 mai 1944 : les vainqueurs étaient Hans et Kurt Pfister, de la société Pfister Frères.

En 1946, Bührle versa encore deux millions de francs au fonds de construction afin d'accélérer les opérations, mais les travaux ne démarrèrent vraiment qu'en novembre 1954, car la pénurie de matériaux et la priorité accordée aux constructions de logements dans l'après-guerre retardèrent le projet. À cela s'ajouta que la participation exclusivement

32  SBZ 77/19, p. 281
33  Linsmayer 2015, p. 132
34  Festschrift 1976, p. 16

masculine à la votation référendaire contribua à refuser au Kunsthaus, en 1951, une augmentation du budget de fonctionnement. La Kunstgesellschaft elle-même était financièrement chancelante et dut d'abord consolider sa propre situation, avant de pouvoir envisager la nouvelle construction. Les responsabilités furent partagées : depuis 1954, la nouvelle fondation Stiftung Zürcher Kunsthaus est propriétaire des biens immobiliers et loue gratuitement ledit Kunsthaus à la Zürcher Kunstgesellschaft, qui en gère le fonctionnement.

La rupture intervint avec l'offre de Bührle : prendre en charge tous les coûts de la nouvelle construction, à condition que la ville octroie gratuitement à la Stiftung Zürcher Kunsthaus le terrain à bâtir et se charge des dépenses d'environnement. Les travaux devaient toutefois commencer avant fin 1954, faute de quoi il reprendrait son argent. Le 7 février 1954, les hommes de Zurich approuvèrent une modification du plan d'affectation des zones et le transfert du terrain de la ville à la Kunstgesellschaft. Tous les partis, même le PdA (communiste), entérinèrent « le nouveau bâtiment du Kunsthaus et l'acceptation

La Krautgartenstrasse, peu de temps avant la démolition, à dr du Moserbau 1. La valorisation des maisons de la vieille ville est encore peu répandue dans les années 1950. Le concept de « gentrification » était étran au vocabulaire des visionnaire Les profilés pour le Pfisterbau sont déjà érigés.

32

des six millions tachés de sang[35] ». Tachés de sang ? La société Oerlikon fabriquait des armes que Bührle avait vendues essentiellement à l'Allemagne nazie. Les travaux commencèrent le 15 novembre, peu de temps avant l'expiration de l'ultimatum. Comme à l'occasion de tous les grands projets, les adversaires réagirent (trop) tard. Ils s'opposaient d'ailleurs moins à l'extension du Kunsthaus qu'à la démolition des treize maisons de la vieille ville, sur la Krautgartenstrasse, mais sans succès[36].

Le projet de 1954 est fondamentalement différent de celui de 1944. Après la guerre, les expositions temporaires devinrent progressivement plus importantes que la présentation des collections, si bien que le nouveau bâtiment ne devait plus être qu'un hall d'exposition. Le volume en fut réduit par souci d'économie et l'on ne programma qu'une seule entrée pour des raisons pratiques, là où elle se trouvait déjà dans le Moserbau 1. Afin de créer une liaison fluide avec la Kirchgasse et la vieille ville, le bâtiment fut installé sur des pilotis, avec un restaurant inséré au-dessous comme une cabine de verre. La liaison avec l'ancien bâtiment était rejetée vers l'arrière. L'escalier bas qui mène au Pfisterbau ne démarre qu'à l'extrémité de l'ancien foyer. La deuxième extension du Kunsthaus Zürich fut inaugurée le 7 juin 1958. Emil Georg Bührle, mort en novembre 1956, ne vit jamais le hall d'exposition et sa veuve Charlotte le remplaça à la commission de construction. Elle se montra disposée à prendre aussi en charge l'ensemble des coûts de construction – soit environ 800 000 francs – pour le restaurant[37] conçu par l'architecte Rudolf Zürcher.

Du point de vue urbanistique, le nouveau bâtiment en saillie forme avec le Kunsthaus préexistant un angle de la place. Il s'avéra malheureusement qu'il était impossible de « libérer celle-ci de la circulation du centre-ville : il fallut au contraire réserver une place plus grande à cet axe, en raison du délestage indispensable pour le Limmatquai. Il ne subsista ainsi qu'un vestige du projet initial de créer une place piétonnière, spacieuse et dégagée[38] ». Le puissant édifice, presque blanc, est un conteneur juché sur pilotis, dont les arêtes acérées planent au-dessus de la place, rainuré de stries verticales. À l'intérieur se déploie, à l'étage supérieur, un vaste hall en béton armé de 70 mètres de long sur 18 mètres de large et 5 mètres de haut, sans partitions fixes. Plus précisément : toutes les partitions y sont possibles et peuvent être adaptées à l'exposition

35  Linsmayer 2015, p. 143
36  Buomberger 2015, p. 149 *sq.*
37  *Ibid.*, p. 176
38  SBZ 77/19, p. 281

à présenter. Le montage d'une exposition ne revient donc plus à s'organiser dans les espaces préexistants, mais à créer les espaces nécessaires à ladite exposition à l'intérieur d'un vaste contenant modulable. « Ce n'est pas facile de repartir à zéro pour chaque exposition, et de se retrouver avec une accumulation d'œuvres à organiser dans un espace totalement vide », note en 1958 le directeur René Wehrli, après dix années d'expérience[39]. La verrière zénithale continue garantit partout le même éclairage ; les deux bandeaux de baies latérales sont conçus pour la présentation de sculptures, mais ils satisfont aussi le désir de vue à l'extérieur : on ne doit pas perdre de vue la relation avec la ville. Comme de rigueur pour les années 1950, le nouveau hall d'exposition était entièrement climatisé, grâce au plus grand système alors à Zurich. Les concepteurs accordèrent une attention toute particulière aux installations techniques du bâtiment et à l'éclairage. L'énergie était encore bon marché à l'époque : une couche de 3 cm de liège suffit ainsi à assurer l'isolation thermique.

Les frères Pfister édifièrent un hall d'exposition et non un musée d'art. La flexibilité est le principe directeur du bâtiment, qui « respecte presque littéralement les exigences de la modernité classique[40] ». C'est un contenant fonctionnel qui ne prétend pas être artistique mais simplement rationnel, pas représentatif mais juste utilisable. L'architecture est la servante de l'art. Le langage formel est sec, austère et sans ornement ; il est autonome à l'instar de celui de la distribution en peigne de Moser, mais sûr de lui à côté de l'ancien Kunsthaus avec lequel il ne forme une unité que du point de vue organisationnel. La modernité n'avait pas encore été rongée par les doutes. Ainsi apparaît une Kunsthalle à l'apogée du XXe siècle : neutre, très équipée, flexible, édifiée dans le langage formel de la modernité par des gens qui croyaient à l'avenir, travaillaient à l'avènement de cet apogée, vivaient en pleine guerre froide et ne voulaient rien savoir de précis sur le passé proche. En 1958, la ville de Zurich comptait 431 000 habitants, soit 227 % de plus qu'en 1910 (avec la seconde intégration de communes périphériques) ; la Kunstgesellschaft regroupait 2 875 membres.

La salle de lecture de Moser disparut avec le Pfisterbau. Dans le Moserbau 3, on aménagea des plafonds pour donner davantage de place aux collections. Le Kunsthaus Zürich était maintenant armé pour

Coupe, plan et vue du mur extérieur. On peut encore pre négliger l'isolation thermiq la gigantesque climatisatior diminue la chaleur en été e chauffe en hiver. Le plafond suspendu est accessible, des lamelles verticales dose la lumière.

39 200 Jahre 1987
40 Jehle 1982, p. 133

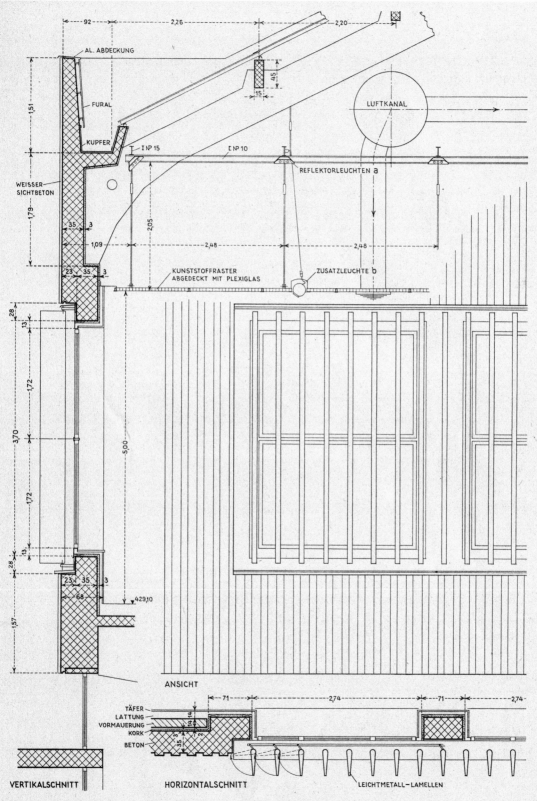

AL. ABDECKUNG

FURAL

KUPFER

WEISSER
SICHTBETON

I NP 15   I NP 10

LUFTKANAL

REFLEKTORLEUCHTEN a

KUNSTSTOFFRASTER
ABGEDECKT MIT PLEXIGLAS

ZUSATZLEUCHTE b

ANSICHT

TÄFER
LATTUNG
VORMAUERUNG
KORK
BETON

VERTIKALSCHNITT      HORIZONTALSCHNITT

LEICHTMETALL—LAMELLEN

Neuer Ausstellungssaal, Schnitt und Ansicht der Aussenwand 1:60

entrer dans la ronde imminente des grandes expositions temporaires. Le Pfisterbau a un frère cadet, le musée des Beaux-Arts d'Argovie (Aargauer Kunsthaus), des architectes Loepfe, Hänni et Hänggli (1959). Mais aussi un frère aîné, encore plus petit : le Kunsthaus de Glarus, de l'architecte Hans Leuzinger (1952). En fait, on ne construisait guère de musées dans la Suisse de cette époque. Le plus contemporain de sa génération, icône de la modernité, est la Neue Nationalgalerie à Berlin, œuvre tardive de Mies van der Rohe (1968). Mentionnons aussi le musée Guggenheim de Frank Lloyd Wright, à New York (1959), contemporain du Pfisterbau mais qui est en tout point son contraire : ici l'art sert l'architecture.

À l'intérieur, le Pfisterbau e
un hall d'exposition neutre s
piliers, qui peut être divisé e
fonction des besoins. L'écla
zénithal continu assure par
une lumière égale. La photo
graphie montre l'état du bât
après la rénovation de 2005

Le Pfisterbau de 1959 forme
avec le Kunsthaus un angle
droit qui cadre la Heimplatz
moins sur un côté. C'est un
bloc autonome juché sur pi
et qui n'est lié au Moserbau
que sur le plan organisation
Entre les deux, une cour jar

# Que faire de la Heimplatz ?

Dans les années 1960, la ville de Zurich a élaboré la solution définitive
pour le transport des personnes en augmentation constante : un
chef-d'œuvre de génie civil baptisé « City-Ring ». À peu près sur le tracé
des anciennes fortifications baroques, un boulevard circulaire de type
autoroutier devait faire le tour de la vieille ville, tout en donnant accès
aux indispensables parkings publics. La Heimplatz serait ainsi devenue
un des points névralgiques essentiels du City-Ring, transformé en
immense infrastructure de trafic soigneusement conçue et construite,
avec des voies de circulation sur plusieurs niveaux. L'objectif était
« une place libre de circulation entre le Kunsthaus et le théâtre[41] », car en
face du musée attendait depuis 1964 le projet de Jørn Utzon pour un
nouveau théâtre, dont les travaux ne se firent jamais[42]. Le Kunsthaus
et le bâtiment du nouveau théâtre auraient alors constitué un havre
piétonnier au milieu de la circulation. La Heimplatz serait au moins
devenue un espace urbain limité, certes plus modeste que Hofmann
ne l'avait conçu, mais où il ferait bon flâner.

Le City-Ring aurait créé une
Heimplatz interdite à la circu...
ou plus précisément un hav...
piétonnier au centre du traf...
urbain. En face du Kunsthau...
où l'extension de Chipperfie...
est en cours de réalisation...
indiqué le projet d'un nouve...
théâtre conçu par Jørn Utze...

41  City-Ring 1967, p. 6
42  Neubau Schauspielhaus 1964

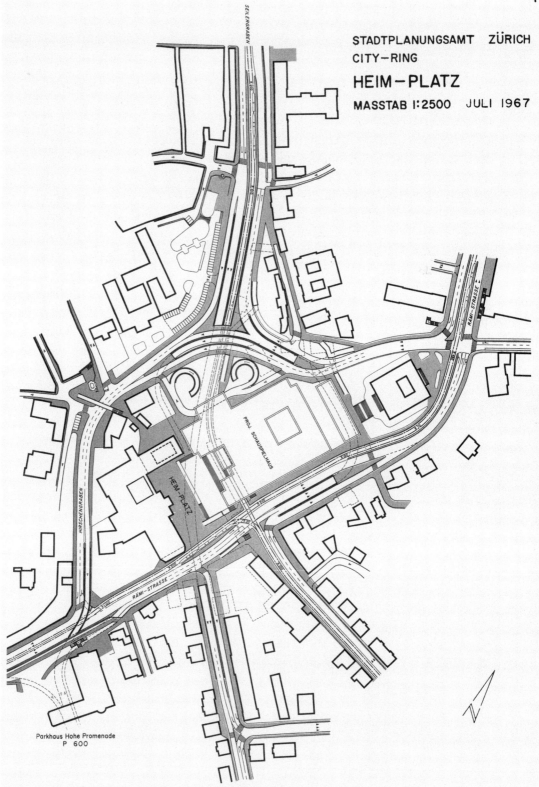

4

STADTPLANUNGSAMT ZÜRICH
CITY—RING

# HEIM—PLATZ

**MASSTAB 1:2500   JULI 1967**

Parkhaus Hohe Promenade
P 600

Le manque de place ne tarda pourtant pas à se faire de nouveau sentir. « Pour cette raison, il fut fortement souhaité que Mme Dr H.E. Mayenfisch et M. Dr A. Schäfer prennent la décision de nous faire don d'une nouvelle salle, surtout pour la peinture française. Cette salle fut érigée par l'architecte Bruno Giacometti au-dessus de l'aile de liaison entre le bâtiment ancien et le nouveau, afin de donner accès aux salles des collections du deuxième étage de l'ancien bâtiment. [...] Un toit en terrasse accessible aux visiteurs permettait non seulement de contempler le panorama, mais aussi d'y disposer des statues[43]. » La salle des nymphéas (Seerosensaal) destinée à accueillir les immenses toiles homonymes de Monet fut achevée en 1968. Elle disparaîtra discrètement en 2002, lors de la grande rénovation. Elle gênait un monte-charge, brouillait le passage du Moserbau au Pfisterbau, et sa technique de construction ne pouvait guère être sauvée.

Madame Olga Mayenfisch était une fidèle mécène. À l'été 1969, elle offrit à la Stiftung Zürcher Kunsthaus sept millions de francs pour la troisième extension, en « hommage durable à son défunt mari. Pendant les longues années de sa vice-présidence, M. Hans E. Mayenfisch s'était acquis de très grands mérites envers le Kunsthaus Zürich, auquel il avait également fait don d'une importante collection de peintres suisses contemporains[44] ». Dès octobre 1969, le conseil municipal lança un concours public d'architecture. Il n'était plus question de construire à côté du bâti existant mais derrière, dans le jardin situé entre Rämistrasse et Hirschengraben. La Villa Landolt était vouée à la destruction et l'on parlait du « dernier chantier du Kunsthaus Zürich[45] ». Dans le jury siégeaient Edwin Frech (conseiller municipal en charge de la construction), Alfred Schäfer (président de la Zürcher Kunstgesellschaft), René Wehrli (directeur du Kunsthaus), les architectes Bruno Giacometti, Manfred Lehmbruck et Jacques Schader, Hans Luder (architecte du canton de Bâle) et Adolf Wasserfallen (architecte municipal). Décision arrêtée en mai 1970 : les vainqueurs étaient Erwin Müller (1925-2017) et son collaborateur Heinrich Blumer de Zurich.

43  Rapport annuel 1968, p. 9
44  Festschrift 1976, p. 26
45  Jehle 1982, p. 133

Le toit en terrasse au-dess[...] du bâtiment de liaison était [...] fois balcon panoramique et jardin de sculptures. La vue sur l'un des deux gymnases [...] qui devaient plus tard faire [...] au bâtiment de Chipperfiel[...] Il avait été conçu en 1880 p[...] Otto Weber, inspecteur des [...] bâtiments de la ville de Zur[...]

Après la crise pétrolière de 1973, l'optimisme n'était plus de mise. Sigmund Widmer, maire de la ville, admit que «des mots comme "agran-dissement" et "expansion" ne relèvent plus nécessairement aujourd'hui du registre du positif», pour «attribuer plus précisément aux bons soins d'une collectivité publique[46]» la troisième extension. Les acteurs conscients d'eux-mêmes durent se justifier et leur réponse fut la dissi-mulation architecturale. La nouvelle extension est presque invisible de la Heimplatz et de la Rämistrasse. Müller juxtapose pour ce faire trois corps de bâtiment polygonaux échelonnés en hauteur sur le Hirschen-graben. La rampe d'accès du parking «Hohe Promenade», déjà en place, démarre obliquement devant le bâtiment: la nouvelle construction se trouve derrière, à gauche. Au niveau du rez-de-chaussée, un passage traverse sous le bâtiment, reliant le Hirschengraben à la Rämistrasse, une possibilité rarement utilisée. Ce passage était aussi l'accès à la bibliothèque du Kunsthaus réaménagée. Sur la Rämistrasse apparurent trois boutiques et un café, avec dix vitrines dans le mur de soutènement. C'était une tentative d'animer le désert de cette même rue, avec de petites entreprises à la place d'un mur nu. Mais quand on passe aujourd'hui par la Rämistrasse, on n'aperçoit que peu de chose du Kunsthaus et rien du Müllerbau. L'extension commence en retrait, derrière un mur de soutènement du jardin et seulement deux étages plus haut. Les curieux peuvent pénétrer dans le jardin abandonné, qui s'étend inaperçu comme une terrasse surplombant la Rämistrasse. Les arbres qui se dressent là ont été expressément sauvegardés en 1976: ils étaient pour la première fois plus importants que le bâti. Moser et les frères Pfister les auraient assurément fait abattre s'ils avaient tant soit peu gêné une nouvelle construction, mais on était à présent sensibilisé à la nature: abattre des arbres eût été un péché contre l'écologie. La Villa Landolt, en revanche, disparut. Depuis le jardin, on voit aussi la façade ordonnée de Moser, c'est-à-dire ce qui reste de l'extension 1926, dans son état original.

L'extension de Müller est une «solution en section» (Schnittlösung). Les salles d'exposition se répartissent sur trois niveaux en saillie l'un au-dessus de l'autre, comme des tiroirs ouverts. Un espace fluide, disent les architectes; les gens du musée secouent la tête et installent des cloisons de séparation. «Il y a des spectacles inattendus, des intuitions, des angles, des ouvertures et des échelonnements qui nous

46 Festschrift 1976, p. 27

distraient du contenu, l'art. La mise en scène de l'éclairage entre en concurrence avec le matériel exposé, tellement elle pèse dans toute son ingéniosité technique[47]. »

Personne n'est vraiment satisfait de cette troisième extension. C'est une construction de non-architecture singulière. Elle se dissimule bizarrement sur la pente, refuse de surprendre – étrange posture pour un bâtiment public. Toute la force du projet se concentre sur le maximum de lumière à apporter dans les salles : l'ingénierie lumineuse du musée prend toute la place. Il vaut ici la peine de comparer avec ce qui se passe à Berne. Peu de temps après, en 1983, l'Atelier 5 avait réalisé là-bas, au Kunstmuseum, une extension prétendant « être le cadre le plus parfait possible pour les événements dans cette institution[48] ». Malgré cette retenue, c'est ici aussi l'éclairage qui est érigé en principe directeur du musée. Les projecteurs et les puits de lumière mis au point par la société d'éclairage Bartenbach (Innsbruck) font de ce musée une machinerie lumineuse, « mais on a oublié ce faisant que le spectateur est encore plus important que l'éclairage. Et qu'il n'apprécie pas du tout qu'un plafond bas et obscur vienne assombrir son humeur[49] ». Ajoutons que dans un musée d'art, la lumière du jour est primordiale : l'architecture reste un art de l'espace.

Le musée phare de cette génération est le Centre Pompidou à Paris, par Renzo Piano et Richard Rogers, ouvert en 1977. Là, le musée lui-même est devenu une énorme machine. Les deux musées ne sauraient être plus opposés dans l'approche architecturale : à Zurich on faisait profil bas, à Paris on arborait une conscience de soi très gauloise. Le Müllerbau est le musée des craintifs. En 1976, Zurich comptait 383 000 habitants, soit 11 % de moins qu'en 1958 ; la Kunstgesellschaft avait alors 4 345 membres.

Pages suivantes :

Le Müllerbau de 1976 remplit le triangle compris entre le Hirschengraben à gauche et le Moserbau 3 au milieu. Il se dresse en retrait de la Rämistrasse, à deux niveaux au-dessus. La rue est animée par une série de vitrines et quelques boutiques.

S'il est vrai qu'un espace est lu à partir du plafond, c'est surtout le raffinement de la technique d'éclairage qui caractérise l'intérieur du Müllerbau. Le dégradé des plafonds et les niveaux étagés comme des tiroirs montrent de quoi il retourne : il s'agit bien d'une « solution en section ».

47  Jehle 1982, p. 134
48  Kunstmuseen 1995, p. 16
49  Communications Kunstgesellschaft 3/91, p. 12

# Mandat d'étude

L'ancien bâtiment de Moser posait de plus en plus, avec le temps, des problèmes d'assainissement. Façade, toit, domotique et sécurité avaient un besoin urgent de réhabilitation. « Il serait souhaitable de réaliser aussi, en liaison avec cette rénovation, un agrandissement de la surface d'exposition. [...] Ce pourquoi les extensions seraient à rechercher dans une meilleure densification du Kunsthaus existant et sur son terrain[50]. » On sollicita des projets auprès de trois cabinets d'architecture : Mario Campi (Lugano), Willi Egli (Zurich) et Katharina et Wilfrid Steib (Bâle). Le comité d'évaluation se composait d'Ursula Koch, conseillère municipale, de Felix Baumann, directeur du Kunsthaus, de Thomas W. Bechtler, président de la Zürcher Kunstgesellschaft, de Heiri Gross, président de la Stiftung Zürcher Kunsthaus, de Stanislaus von Moos, historien de l'art, des architectes Jacques Schader et Theo Hotz, et de Hans Rudolf Rüegg, architecte municipal. Thomas Wagner, maire de la ville, n'en faisait pas partie, parce que Koch et lui avaient des rapports conflictuels au sein des autorités municipales, ce qui entraîna une brève polémique dans la presse locale[51] et un blocage administratif qui dura de l'automne 1989 au printemps 1990.

Campi proposait une nouvelle et imposante bâtisse devant le Müllerbau, sur la Rämistrasse, en rétablissant à l'intérieur la salle de lecture, et préconisait une salle centrale là où elle se trouvait auparavant, menant à un grand escalier. Il renonçait au grand escalier de Moser. Commentaire du jury : « Il est regrettable que l'on n'ait pas réussi à mettre en concordance la monumentale suite de salles suggérée avec la structure spatiale et d'ouverture du Moserbau[52]. » Katharina et Wilfrid Steib préconisaient de même une nouvelle construction sur la Rämistrasse et détruisaient pour ce faire une partie du Müllerbau, ce qui conduisit le jury à poser la question : « L'utilité des mesures envisagées est-elle raisonnable par rapport à la charge financière qu'elles représentent[53] ? » Et un critique affirma : « Chez les Steib, l'art passe avant l'architecture[54]. »

De son côté, Willi Egli proposait d'édifier une tour de cinq étages en demi-lune dans l'espace existant entre le Pfisterbau et le Haus zum Kiel, sur le Hirschengraben. Moyennant quoi il pouvait remettre à plus tard la possibilité d'extension : il fallait allonger selon lui le délai d'une étape

Comment agrandir ? Mario Ca[mpi] installe une extension à côté [du] Müllerbau (en haut) ; les Ste[ib] agrandissent de même sur la Rämistrasse, mais abatten[t pour] ce faire une partie du Müller[bau] (au milieu). Willi Eggli comp[lète] le Kunsthaus avec une tour en forme de demi-lune édifi[ée] à côté du Haus zum Kiel et surélève le Pfisterbau d'un é[tage] d'exposition. La salle Bührle reste toutefois en éclairage zénithal, grâce à l'installati[on] de quatre « générateurs de lumière » (en bas).

50  Mandat d'étude 1989, p. 1
51  Par exemple : Züri Woche, 1er mars 1990
52  Rapport 1989, p. 6
53  *Ibid.*, p. 11
54  Strebel 1990, p. 18

jusqu'à l'extension finale. Egli installait un étage d'exposition sur le Pfisterbau ; et pour éclairer quand même la salle Bührle, quatre gros « générateurs de lumière » de la maison Bartenbach alimenteraient l'étage d'exposition supplémentaire.

Willi Egli l'emporte. Le jury «recommande de retenir ce projet en raison de la qualité d'ensemble de l'extension et du maintien des anciens bâtiments[55]» et de continuer le travail avec Egli. Mais l'élaboration prit du retard et tandis qu'Egli concevait variantes et améliorations, en intégrant en supplément la Villa Tobler, Heiri Gross – en tant que président de la Stiftung Zürcher Kunsthaus – attribua les travaux de réhabilitation à faire à l'architecte Willy Leins, même si l'étude précédemment commandée couvre expressément les deux opérations : rénovation et assainissement. Les tensions grandirent entre Egli et la fondation. Le conseil de celle-ci finit par remercier Egli en 1996, pour confier le tout (transformations et assainissement) au cabinet d'architecture Schnebli Ammann Ruchat, sous la direction de Tobias Ammann[56]. L'agrandissement du Kunsthaus sur son propre terrain s'enlisa.

55  Rapport 1989, p. 13
56  Lettre de Thomas Wagner, président du conseil d'administration, à Willi Egli, 4 juillet 1996

# Déménagement de l'administration : la Villa Tobler

Il en avait les moyens. Jakob-Emil Tobler-Finsler, le banquier privé le plus important de Zurich, se fit construire en 1855 par Gustav Albert Wegmann (architecte du premier Kunsthaus) une villa néoclassique au sommet de la colline morainique de la rive droite (Winkelwiese 4). Au rez-de-chaussée se trouvait la banque, au-dessus la résidence où le veuf logeait avec ses deux fils. Gustav Adolf Tobler-Blumer (1850-1923), qui survécut à son père et à son frère, ne voulut pas devenir banquier mais technicien spécialiste des courants faibles. Il devint ainsi professeur à l'ETH, liquida la banque et consacra l'héritage à remanier la villa de fond en comble. Hans Heinrich Conrad von Muralt fut chargé de l'opération, assisté de Gustav Gull. Von Muralt, « à l'aide d'un petit nombre d'ajouts précis et ciblés, transforma le bloc néoclassique austère en une villa pittoresque dans le goût de Böcklin[57] ». De son côté, l'aménagement intérieur fut conçu par Hans Eduard von Berlepsch-Valendas (1849-1921), ami de jeunesse de Tobler au temps de leur formation commune à l'ETH. Il créa le somptueux intérieur Jugendstil, le plus beau du genre à Zurich, en collaboration avec un second artiste Jugendstil anonyme. Seul le fumoir dans le style néogothique tardif y est de goût historiciste, car le maître d'ouvrage avait souhaité avoir chez lui ce qu'il avait vu auparavant au Landesmuseum : « de vrais prototypes de confort et de convivialité[58] ». Après la mort de Gustav Adolf, son fils Hans Georg Tobler remania une troisième fois la villa en privilégiant cette fois des formes néo-Renaissance. Trois styles coexistent ainsi dans une seule et même demeure : néo-classicisme, Jugendstil et néo-Renaissance[59].

Une entreprise générale acheta la propriété en 1951 avec l'intention de tout raser, ce qui mobilisa l'opposition du quartier. En 1964, la ville de Zurich put racheter le domaine, aussitôt utilisé par le théâtre de Heddy Maria Wettstein et le Conservatoire d'art dramatique, transféré en 1996 au Theaterhaus Gessnerallee. La ville de Zurich concéda ensuite le droit de construction à la Zürcher Kunstgesellschaft, à condition que cette dernière se charge des frais de réhabilitation se montant à neuf

---

57 Numéro spécial 1995, p. 4
58 *Ibid.*, p. 9
59 Magazin 1/17, p. 35 *sq.*

millions de francs. Après la rénovation soigneuse réalisée par l'architecte Felix Stemmle sous le contrôle du service des monuments historiques de la ville, l'administration du Kunsthaus s'installe à la Villa Tobler le 1er juillet 2000.

Non seulement la Villa est un monument historique, mais son grand jardin est une «zone de protection d'intérêt cantonal». Parmi ses curiosités remarquables figurent la fontaine des Dragons avec sa mosaïque d'or, la Fontaine ronde, et une statue de jeune homme par Richard Kissling, sous la pergola. Le parc est aujourd'hui public.

# 05 Amélioration: réforme de la tête et des membres

Aussi longtemps que la collection grandissait et que les expositions temporaires gagnaient en importance et en notoriété, il ne pouvait être question d'extension finale du Kunsthaus. À cela s'ajoutaient les progrès et la mise aux normes régulière de la domotique. Dans le Müllerbau, dès 1984, un parquet avait remplacé le revêtement de sisal. La première étape de la réhabilitation fut la rénovation extérieure du Moserbau par les architectes Willy Leins et Gerold Reiser, achevée en 1989. Les mêmes architectes planifièrent ensuite la deuxième étape, achevée en 1991, parallèlement et indépendamment de l'extension selon les plans de Willi Egli: la rénovation intérieure de l'étage supérieur du Moserbau, mais avant tout des verrières. Il s'agissait donc dans l'immédiat d'aménager des plafonds lumineux. Dans un musée des Beaux-Arts, parler de toit revient aussi nécessairement à parler d'éclairage. Initialement, le musée n'était ouvert que dans la journée, l'éclairage étant alors presque exclusivement fourni par la lumière du jour. L'éclairage artificiel n'était pas conçu pour le visiteur, mais pour les tâches d'entretien et de gardiennage. Toutefois, après avoir plus ou moins bricolé des solutions ponctuelles, le temps était venu d'une refonte complète du système. La meilleure lumière est celle du jour et la meilleure lumière du jour vient du haut, c'est-à-dire par le toit. Cette lumière du jour contient la totalité du spectre des longueurs d'onde visibles selon des gradations infinies, alors que dans les lampes fluorescentes, le spectre est très irrégulier. La plupart des tableaux ont été peints à la lumière du jour et exigent donc d'être contemplés sous cette même lumière. Un éclairage zénithal supprime les reflets gênants et tous les murs sont disponibles pour les accrochages, ce qu'apprécient les personnels des musées. C'est pourquoi les conservateurs affectionnent les salles à plafond lumineux, surtout les salles à l'ancienne avec des voussures entre plafond et mur. Le peintre Markus Lüpertz a résumé cela en ces termes: «Le musée classique est un bâtiment, quatre murs, un éclairage zénithal et deux portes, une pour entrer, une pour sortir[60].» En 1982, James Stirling a rétabli la voûte de la Neue Staatsgalerie de Stuttgart.

60 Lüpertz 1985, p. 32

On ne peut toutefois se contenter de laisser pénétrer la lumière : il faut pouvoir la piloter, c'est-à-dire la moduler. Une intensité lumineuse de 500 lux est la meilleure pour percevoir au mieux toute la richesse de la peinture à l'huile. Les conservateurs préféreraient toutefois un peu moins, car l'énergie lumineuse accélère le processus de dégradation des tableaux. Mais le soleil, lui, émet jusqu'à 100 000 lux, et très irrégulièrement au cours de la journée, en fonction de l'heure et des passages nuageux. Dans les jours sombres de l'hiver et dans les heures vespérales, toute lumière est bienvenue ; par un jour d'été, en revanche, il fait bien trop clair. Moser modulait la lumière à l'aide de stores à enroulement installés au-dessus du plafond suspendu et qu'il fallait manœuvrer manuellement. Ils étaient devenus depuis longtemps fragiles, décolorés et encrassés. On installa à leur place des lamelles pivotantes de 40 cm de largeur : disposées horizontalement, elles ne laissent passer aucune lumière et les salles peuvent même être plongées dans l'obscurité ; orientée verticalement, la lumière pénètre à flots dans l'espace intérieur. Totalement fermées, elles servent aussi de réflecteurs pour l'éclairage artificiel installé entre lamelles et plafond suspendu. Ce nouveau système de modulation permet d'obtenir dans chaque salle l'éclairage approprié aux œuvres exposées. L'éclairage zénithal suppose une verrière, or les toits vitrés tendent à être peu étanches. Il est arrivé qu'il pleuve dans le Kunsthaus. De surcroît, les gigantesques pyramides de verre étaient en été des fournaises et, en hiver, des armoires frigorifiques. La température et l'humidité de l'air dans les salles oscillaient ainsi bien au-delà du supportable, pour les visiteurs, mais aussi pour les œuvres. Si un musée d'art prétend prendre place dans le réseau international des échanges, il doit obligatoirement pouvoir garantir le respect des valeurs imposées par les prêteurs et les assureurs en termes de lumière, de température et d'humidité. La sécurité doit également être garantie. L'équipement domotique était donc absolument indispensable pour que le Kunsthaus Zürich continue de figurer parmi les premiers musées d'art, à l'échelle internationale bien sûr.

La solution était la toiture froide. La barrière climatique ne se situe plus dans l'enveloppe du toit, mais dans les plafonds eux-mêmes, directement au-dessus des salles d'exposition et rigoureusement isolés. L'énorme espace sous la verrière n'est ni chauffé ni refroidi. L'installation de nouveaux verres opaques réduit les entrées de

Le réfrigérateur de plafond
les lamelles permettent de
doser la lumière, le double
vitrage au-dessus du vide ve
et refroidi forme la barrière
climatique. L'air admis trave
ce vide, l'air expulsé est asp
au pied du mur.

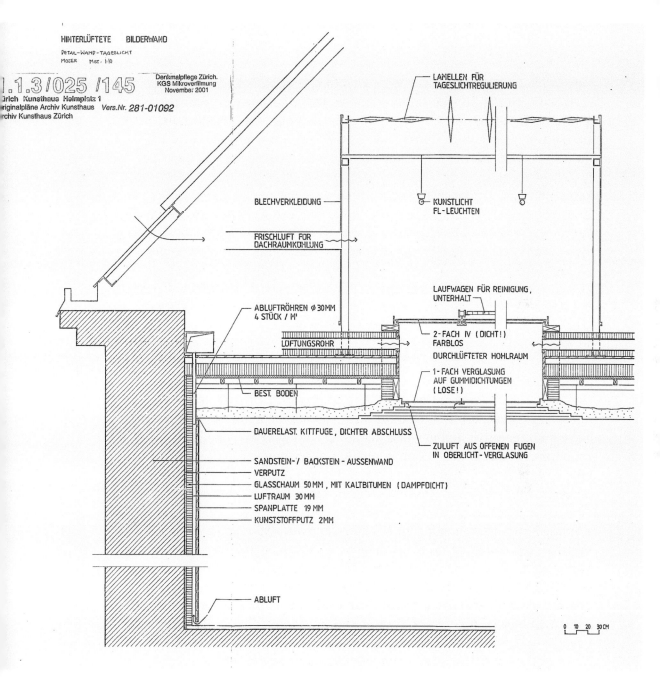

HINTERLÜFTETE BILDERWAND

DETAIL-WAND-TAGESLICHT
MOSER    MST. 1:10

LAMELLEN FÜR
TAGESLICHTREGULIERUNG

BLECHVERKLEIDUNG

KUNSTLICHT
FL-LEUCHTEN

FRISCHLUFT FÜR
DACHRAUMKÜHLUNG

LAUFWAGEN FÜR REINIGUNG,
UNTERHALT

ABLUFTRÖHREN Ø 30MM
4 STÜCK / M'

LÜFTUNGSROHR

2-FACH IV (DICHT!)
FARBLOS

DURCHLÜFTETER HOHLRAUM

1-FACH VERGLASUNG
AUF GUMMIDICHTUNGEN
( LOSE !)

BEST. BODEN

DAUERELAST. KITTFUGE, DICHTER ABSCHLUSS

ZULUFT AUS OFFENEN FUGEN
IN OBERLICHT-VERGLASUNG

SANDSTEIN- / BACKSTEIN - AUSSENWAND
VERPUTZ
GLASSCHAUM 50MM , MIT KALTBITUMEN ( DAMPFDICHT)
LUFTRAUM  30MM
SPANPLATTE  19MM
KUNSTSTOFFPUTZ 2MM

ABLUFT

0  10  20  30CM

lumière et de chaleur jusqu'à 50 %. En hiver, le chauffage central existant réchauffe les salles dont la température reste stable, puisque la chaleur ne se dissipe plus par les plafonds et par le toit. L'humidité est régulée grâce à une admission d'air frais précisément appliquée. En été, le plafond assure la climatisation : un espace creux entre le plafond suspendu et une épaisseur de verre installée au-dessus est balayé d'air frais, éliminant ainsi la chaleur superflue. Les jours de forte chaleur, on ouvre les verrières et un ventilateur expulse l'air chaud sous les pyramides. Les centrales de climatisation sont toutes installées au sous-sol, ce qui a entraîné l'installation de deux nouveaux conduits entre le bâtiment des collections de Moser (Moserbau 1) et l'extension de 1926 (Moserbau 3). Ces conduits sont habilement dissimulés dans des épaississements de maçonnerie.

La réalisation des troisième et quatrième étapes a duré de 1997 à 2005, sous le nom de « grande rénovation ». Bien que Willy Leins ait travaillé jusque-là à la grande satisfaction de la fondation du Kunsthaus, son agence était à présent trop petite pour pouvoir maîtriser cette vaste opération. La responsabilité en fut donc dévolue à un nouvel architecte, Tobias Ammann, du bureau sam (Schnebli Ammann Menz). Le 24 septembre 2001, la votation populaire approuva la participation de la ville au financement des travaux (55 millions) à hauteur de 28 millions de francs, dont 80 % sont invisibles car investis dans la domotique.

Ammann proposait un concept à l'essai dans une salle test. Comment se présentait l'intérieur du Kunsthaus de Moser en 1910 ? La rénovation commença vraiment en septembre 2001 dans l'aile d'exposition (Moserbau 2), dont le rez-de-chaussée devait être aménagé pour exposer des œuvres d'Alberto Giacometti (1901-1966). Le déménagement de l'administration dans la Villa Tobler avait libéré ces salles.

Ceux qui ont assisté à ces événements se souviennent. Les œuvres de Giacometti présentées au Kunsthaus appartiennent à la Alberto Giacometti-Stiftung. Cette fondation résulte de la controverse (« Zürcher Kunststreit ») qui défraya la chronique au printemps 1965. Il s'agissait en fait d'un crédit d'achat municipal pour une collection d'œuvres de Giacometti. Deux conceptions de l'art s'affrontaient, qui avaient toutes deux leur chef de file. D'un côté, le rebelle Peter Meyer, professeur en histoire de l'art au verbe haut, s'opposait à ce crédit au nom du simple bon sens. De l'autre, la «réseauteuse» du modernisme, Carola Giedion-Welcker, soutenait cet achat au nom des Lumières et du progrès. Le Parlement de Zurich refusa le crédit et les partisans de l'achat créèrent alors la Alberto Giacometti-Stiftung qui finit par acquérir les œuvres pour les exposer au Kunsthaus. Une donation vint plus tard agrandir et compléter cette collection.

Tobias Ammann installa au centre du rez-de-chaussée de l'aile d'exposition (Moserbau 2) une salle à éclairage artificiel, conçue pour les œuvres graphiques sensibles à la lumière. Il déploya autour une couronne de quatre cabinets à éclairage latéral: «Les sculptures vivent essentiellement de la lumière et c'est tout particulièrement le cas des œuvres de Giacometti. La lumière ne doit pas y être trop diffuse ni venir du haut. Ce doit être plutôt un éclairage latéral placé assez haut, comme celui que Giacometti lui-même avait dans son atelier[61].» Trois piliers existants furent éliminés, ce qui créa une salle médiane totalement ouverte. Un décrochement du plafond cache les différences de hauteur, de la salle Böcklin à la salle Füssli. Ammann a attaché un soin tout particulier aux socles de ces œuvres d'art, «un élément délicat et sans cesse rediscuté[62]».

Les œuvres de Giacometti furent d'abord présentées dans la Villa Landolt puis, après la démolition de celle-ci, dans le Müllerbau. Depuis 2002, «ce bel ensemble cohérent[63]» est présenté dans les salles rénovées de l'aile d'exposition. Avec le bâtiment de Chipperfield, le rez-de-chaussée a dû être fermé pour la construction du passage souterrain et Giacometti a déménagé dans différents étages du Müllerbau. Il y sera désormais présenté au premier étage, une fois mis en service le bâtiment de Chipperfield. «Des espaces fermés seront disponibles, qui permettront de saisir d'autres aspects du travail de cet illustre artiste[64].»

Le Pfisterbau a lui aussi été réhabilité. Les fibres acryliques du plafond avaient jauni et étaient inflammables. Ici, des rouleaux dans le rampant du toit régulent l'admission de la lumière. Pour le Müllerbau, en raison des coûts à prévoir, la domotique n'a pas été touchée lors de la rénovation. Le fonctionnement du musée ne devait pas être interrompu pendant toute la durée du chantier, ce qui impliquait une réalisation par étapes. Le Kunsthaus possède désormais une installation d'éclairage et de climatisation gérée par ordinateur, intelligente et naturellement automatisée. «Pour la première fois depuis plus d'un demi-siècle, les espaces intérieurs se présentent dans un état convenable, au moins au-dessus des cimaises[65]», écrivait en 2001 le conservateur Christian Klemm. Non seulement la domotique a été renouvelée, mais l'aménagement d'origine a même été en partie remis au jour. Dans les années 1990, une bonne partie de la substance d'origine avait été recouverte ou avait disparu. En 1926 déjà, Moser lui-même avait commencé à le faire, en badigeonnant de blanc ses propres stucs orientalisants dans la cage d'escalier. «Fidèlement au principe de la valeur artistique supérieure qui s'attache ici clairement à l'état d'origine[66]», les «corrections» ont été annulées. Sur des clichés historiques, les restaurateurs ont découvert par exemple les tapis et revêtements d'origine qu'ils ont fait retisser. Le secteur de l'entrée a été réorganisé : la boutique et le vestiaire ont été installés en retrait, pour laisser plus de place au café du musée et aux caisses. Le visiteur d'aujourd'hui ne remarque rien de la coûteuse domotique et ne réfléchit absolument pas à la qualité de la lumière. La véritable performance des architectes et des techniciens est justement que tout paraisse aller de soi. La restauration a été terminée le 26 octobre 2005[67]. En dernier lieu, la bibliothèque a déménagé dans la Rämistrasse, là où se trouvaient précédemment le café et les boutiques. La collection d'arts graphiques a alors été installée dans les anciennes salles de bibliothèque du Müllerbau.

Manquaient encore les verrières. Elles n'étaient pas étanches et les variations de température et d'humidité dans la toiture froide provoquaient de la condensation, entraînant la corrosion des profilés d'acier centenaires. Leur intégrité structurelle commençait à faiblir : il fallait remplacer ceux qui étaient rouillés et enrober ceux qui étaient encore viables. L'architecte était toutefois parfaitement conscient : «La méthode préconisée ne résoudra pas totalement le problème. Les exigences propres à l'entretien des bâtiments historiques dépassent de beaucoup une résolution du problème correspondant à l'état actuel de la technique[68].» Il n'en restait pas moins que la verrière avait résisté à la tempête Lothar en décembre 1999. À l'été 2014, les travaux ont été exécutés et on a pu réutiliser presque tous les anciens vitrages.

La grande rénovation a rétabl[i]
autant que possible l'état d'or[igine.]
Les tapisseries ont par exem[ple]
été retissées d'après d'ancie[nnes]
photographies. La performa[nce]
des architectes et des techni[ciens]
est ici que tout paraît aller de[...]

65  Communications Kunstgesellschaft 3/01, p. 12
66  *Ibid.*, p. 14
67  Hasche 2006, p. 23 *sq.*
68  Lettre d'Ammann Architekten aux architectes de l'arrondissement 1, 17 octobre 2013

# Troisième Kunsthaus :
# le bâtiment de Chipperfield

Le mandat d'étude avait montré l'impossibilité de réaliser raisonnablement sur le terrain disponible une quatrième extension devenue indispensable, d'autant plus qu'il fallait à présent intégrer dans le Kunsthaus la collection Emil Bührle. Un troisième Kunsthaus devenait donc nécessaire. Mais où ? On n'eut pas à chercher très loin : en face du Kunsthaus existant se trouvait un terrain appartenant au canton, que Karl Moser avait déjà annexé dans un de ses projets d'extension des années 1930. Il faisait partie du complexe de l'ancienne école cantonale construite en 1842 par Gustav Adolf Wegmann sur le bastion Rämi et qui avait été complétée par deux gymnases en 1880 (de l'inspecteur des travaux Otto Weber) et en 1902 (Kehrer & Knell). Le parc qui s'étendait de la Heimplatz à cette école avait été entre-temps jonché de baraquements scolaires et n'était quasiment plus utilisable. L'ensemble était toutefois classé monument historique. La ville prit la direction des opérations : consciente des risques, elle opéra depuis le début avec un souci permanent de sécurité. Au moyen de sondages et d'ateliers, elle fit éliminer tous les obstacles. Le périmètre fut limité, entre autres parce qu'on craignait de tomber sur les vestiges des fortifications baroques de la ville et les traces d'un cimetière juif dont on conjecturait la présence dans les parages. Comme toujours à l'occasion de telles tâches, les architectes durent installer un programme trop grand sur un terrain trop petit. Cela « se lit comme une police d'assurance[69] », pouvait-on lire dans *Hochparterre Wettbewerbe*. Autrement dit, le cadre conceptuel était trop étriqué.

En novembre 2008, le concours de projets anonymes fut administré selon une procédure sélective : sur les 180 candidatures soumises, 20 agences et bureaux d'architecture seulement eurent le droit de participer, soigneusement sélectionnés dans le monde occidental, ce qui provoqua la grogne de la Fédération des architectes suisses (FAS) qui aurait préféré avoir un concours ouvert. Furent ainsi conviés de grands noms de l'architecture européenne comme David Chipperfield, Caruso St John, Josep Lluís Mateo et Grazioli/Krischanitz, mais aussi la fine fleur des architectes suisses de Diener & Diener, Max Dudler,

Gigon/Guyer, Meili Peter et Miller & Maranta jusqu'à Mazzapokora et pool. Au jury du concours siégeaient par ailleurs, à côté des représentants des autorités zurichoises, l'architecte Francine M. J. Houben (Delft), Hilde Léon (Berlin), Laurids Ortner (Vienne) et Emanuel Christ (Bâle), sans oublier Norbert Zimmermann (Stiftung Preussischer Kulturbesitz), Maja Oeri (Fondation Laurenz), Theodora Vischer (Schaulager), l'artiste Peter Fischli ainsi que le président de la Zürcher Kunstgesellschaft, Walter B. Kielholz, et le directeur du Kunsthaus, Christoph Becker. La modération était assurée par le Prof. Carl Fingerhuth.

« Le Kunsthaus Zürich apporte une contribution culturelle importante au positionnement de Zurich parmi les capitales mondiales », affirme le rapport du jury[70]. Cette orientation internationale était évidemment renforcée par le choix même de ce jury et la sélection des participants. L'objectif était ambitieux : un « musée du XXI$^e$ siècle », naturellement adapté aussi à la « société à 2 000 watts[71] ». La liaison entre ancien et nouveau bâtiment devait être conçue en souterrain et la restructuration de la Heimplatz fut repoussée à plus tard. Ce que Hofmann envisageait déjà en 1938 était une fois encore prudemment mis en veilleuse : on cherchait une solution pour un musée, non pour une place. Accabler la nouvelle construction de problèmes de circulation insolubles aurait surchargé la barque, ou plus exactement n'aurait pas franchi l'épreuve du vote. Le « non » populaire au Kongresshaus de Moneo résonnait encore dans l'esprit des responsables : le bon urbanisme est celui qui remporte la consultation.

David Chipperfield Architects (Berlin) sortent vainqueurs du concours. Chipperfield installe un puissant cube blanc fermé sur la Heimplatz, presque un volume de plus de 60 mètres de côté pour 21 mètres de hauteur. Désormais, le centre de gravité du Kunsthaus est sur l'autre côté de la place, dont le cube qui domine son environnement cadre définitivement l'espace urbain. Ce bloc du nouvel édifice est aussi une réponse à celui de l'ancienne école cantonale ; le jardin des Arts (Kunstgarten) se trouve désormais entre les deux. Le jury note : « Par son adaptation à l'emplacement historique, l'expression architecturale reste [...] relativement conservatrice et réservée. » Il critique également une « fascination déjà reprochée pour l'historicisme ». Le « musée du XXI$^e$ siècle » ressemble en fait beaucoup à celui du XIX$^e$, ce qui est parfaitement compréhensible quand on songe aux extravagances

70  *Ibid.*
71  *Ibid.*

architecturales dans la construction muséale des dernières décennies. C'est, en réaction, un retour à l'ordre. Bilbao n'est pas universel. La masse muette conçue par Chipperfield dégage par sa pesanteur une dignité silencieuse. Telle est aujourd'hui l'allure de la monumentalité. Est ainsi affirmée la prééminence du musée comme structure plus officielle et plus exacte, mais aussi plus utile et plus précieuse parce qu'elle communique des valeurs. L'art, ce grand autre, exige un contenant signifiant. «Il est clair que j'ai depuis longtemps remplacé l'église par le musée», écrit à ce sujet Harald Szeemann[72].

Un tour d'horizon des musées construits en Suisse au cours des dernières années aide à y voir plus clair. Le Vitra Design Museum de Frank Gehry a posé un point d'exclamation visible de loin : c'est un tour de force architectural difficile à classer, pour le dire gentiment. Le musée Tinguely de Mario Botta affiche un spectaculaire balcon-belvédère sur le Rhin, mais reste sinon un conteneur d'art plutôt conventionnel, avec une organisation lumineuse assez problématique. Le Schaulager de Herzog & de Meuron allie sobriété et pathos du grand espace : sa façade urbaine doit poser un signal dans une zone industrielle. Le bâtiment de la Fondation Beyeler signé Renzo Piano est un sanctuaire artistique dans un parc, tout ensemble somptueux, paisible et romantique. Le Zentrum Paul Klee à Berne, également de Piano, intègre un plan fondamentalement rationnel sous la forme de trois ondulations. Les nombreuses maisons nouvelles dans le monde entier n'ont pas encore été mentionnées ici, mais une chose est évidente : *Anything goes* vaut aussi pour la construction muséale. Chipperfield oppose à cela le bloc fermé, un «principe d'ordre». Il a déjà montré avec la reconstruction du Neues Museum à Berlin et le Literaturmuseum der Moderne à Marbach que sa fascination pour l'historicisme est à proprement parler un classicisme. «Le classicisme n'est pas un style. Le classicisme est une coloration[73]», écrivait Sigfried Giedion en 1922. Le nouveau Kunsthaus est fait pour durer.

«Assurer l'agencement des salles d'exposition, la gestion des visiteurs et l'organisation opérationnelle du fonctionnement[74].» À cet effet, un hall parcourant tous les étages selon la ligne de pente est la colonne vertébrale de l'organisation interne de l'édifice Chipperfield. Elle relie aussi la Heimplatz au jardin des Arts situé un étage plus haut et qui s'étend

72  Mack 1999, p. 10
73  Giedion 1922, p. 9
74  Toutes les citations de ces deux extraits : rapport du jury du concours

jusqu'à l'ancienne école cantonale. On peut douter que le hall assure cette liaison en espace ouvert. Des deux côtés se trouvent les salles d'exposition. Chipperfield les considère comme des salles de contemplation. «Je pense que nous ne devons pas oublier le rôle d'un musée comme havre de paix, comme un lieu où l'on puisse trouver du silence[75].» Au rez-de-chaussée se déploient des espaces de médiation culturelle ainsi que la salle des fêtes. Le bar et la seconde boutique du musée s'ouvrent sur la Heimplatz. Ce hall assure deux choses: l'ampleur de la respiration et la distribution de la structure. Elle possède ce que Moser avait évité et que Campi voulait au contraire introduire dans le vieux bâtiment: le pathos de la salle haute, souligné par l'escalier monumental qui s'élève à une extrémité de ce hall. La verrière centrale plane à presque 18 mètres de hauteur au-dessus des têtes. L'espace est grandiose: grand par nature et par sa manière. Cette fois, les dimensions ne sont plus généreusement républicaines, mais internationalement compétitives. En 2020, Zurich devrait compter quelque 435 000 habitants et la Kunstgesellschaft environ 22 000 membres. Entre 1910 et 2020, la capitale économique et financière de la Suisse est devenue une *global city*: la métropole de Zurich. Le hall du nouveau Kunsthaus matérialise cet essor. Le coût global du bâtiment se monte à 206 millions de francs: la population de la ville a voté une participation de 88 millions; même montant pour la Zürcher Kunstgesellschaft (membres, bienfaiteurs, fondations et sponsors réunis) et les 30 millions restants viennent du fonds de la loterie[76].

La mise en route du projet a commencé rapidement après le résultat du concours. La ville de Zurich, la Stiftung Zürcher Kunsthaus et la Zürcher Kunstgesellschaft ont fondé conjointement l'EGKE (Einfache Gesellschaft Kunsthaus-Erweiterung), autrement dit: la maîtrise d'ouvrage s'est organisée. Aucune modification fondamentale du concept d'ensemble n'a paru nécessaire. Pour des raisons d'urbanisme et de pression politique, le bloc a été mis en retrait de la place et le volume réduit de 10%. Quelques aménagements ont été apportés à l'intérieur: par exemple, le grand escalier se déploie maintenant le long du hall et non plus transversalement.

Toutes les salles d'exposition du deuxième étage ont un éclairage zénithal; la plupart de celles du premier prennent le jour latéralement.

Page suivante:

Le grand bloc du troisième Kunsthaus ferme la Heimplatz qu'il domine. Qualification n'est pas subordination, a déclaré le jugement du Tribunal de recours des constructions. On a laissé de côté la circulation, sur l'image et dans la planifACTION. On programmait un musée, pas une solution au trafic.

75  Chipperfield 2009, p. 80
76  Magazin 1/15, p. 34

Toutes les salles ont une hauteur impressionnante de 4,80 mètres, de sorte que le plafond ne pèse jamais sur l'esprit. Naturellement, éclairage, climatisation et sécurité sont conçus selon les meilleures techniques disponibles. La façade est habillée de lamelles en béton verticales : elles passent aussi devant les fenêtres des salles à éclairage latéral, empêchant ainsi que la lumière rasante n'affecte lesdites fenêtres. Ces lamelles unifient aussi l'apparence du bâtiment dont elles mettent en valeur l'allure de masse architecturale.

Le 25 novembre 2012, les citadins de Zurich ont approuvé le projet par 54 % de « oui ». Le plan d'organisation est entré en application en janvier 2013 et la ville a délivré le permis de construire le 31 mai 2013. La fondation « Archicultura – Fondation pour l'entretien des sites construits et des paysages » intenta *ex nihilo* une action contre la délivrance du permis, mais le Tribunal de recours des constructions de Zurich débouta très clairement ce recours en décembre 2014, en assortissant ce rejet d'une amende de 35 000 francs pour dépens de justice et dédommagements, ce qui fit capituler la fondation : le permis de construire devint définitivement exécutoire. La Kunstgesellschaft avait initialement planifié le début du chantier pour 2013, échéance retardée par l'examen du recours de la fondation Archicultura. Les travaux ne purent en fait démarrer qu'avec un retard de deux ans, ayant coûté deux millions de francs.

On a beaucoup écrit sur la taille du nouveau bâtiment, presque toujours dans l'idée qu'il est trop grand. C'est une double erreur. D'une part, dans les cent ans écoulés depuis le Moserbau, le Kunsthaus est passé de l'état de musée zurichois à celui de musée international, comme l'attestent les remarquables expositions temporaires internationalement suivies. Il suffit d'examiner avec quelles autres maisons le Kunsthaus collabore aujourd'hui pour juger dans quelle catégorie muséale il se situe : la deuxième au monde. Le nouveau bâtiment représente aussi une attraction pour les futurs donateurs souhaitant voir leurs donations exposées. L'édifice Chipperfield est l'architecture qui permet au Kunsthaus Zürich de s'inscrire dans la réalité muséale internationale. D'autre part, à l'instar du Moserbau un siècle auparavant, ce nouveau bâtiment symbolise l'état de la Ville de Zurich, en 2020 cette fois.

Coupe de la façade. L'envelo[ppe] extérieure d'un musée doit a[voir] un grand pouvoir. En premie[r] lieu, elle sépare l'extérieur [de] l'intérieur. Les fenêtres sont fortement isolées. Elle doit ensuite protéger du soleil, t[out] en laissant pénétrer la lumi[ère] soigneusement dosée. Celle[-ci] ne doit pourtant pas éblouir. La sécurité doit également ê[tre] assurée. En cas d'incendie, [les] volets d'aération doivent s'o[uvrir] automatiquement. Toutes c[es] exigences doivent être réso[lues] dans un cadre esthétique. La paix du grand conteneur en découle.

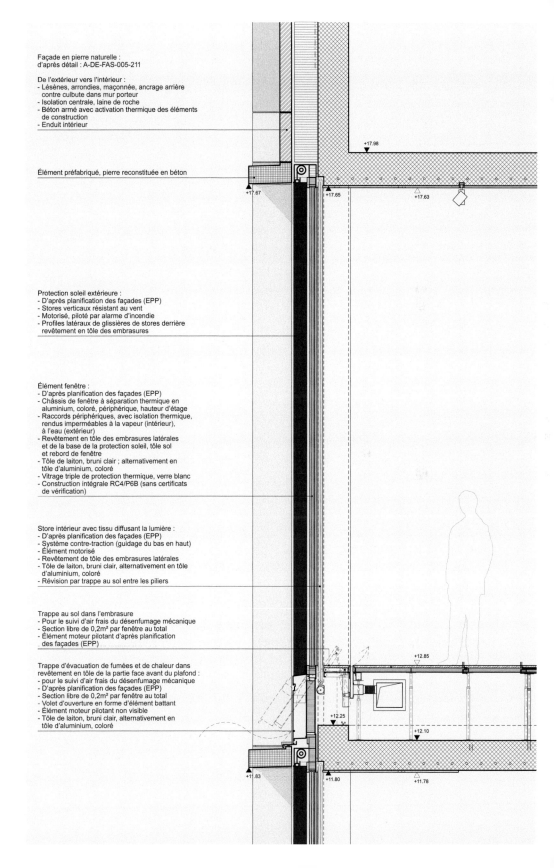

Façade en pierre naturelle :
d'après détail : A-DE-FAS-005-211

De l'extérieur vers l'intérieur :
- Lésènes, arrondies, maçonnée, ancrage arrière
  contre culbute dans mur porteur
- Isolation centrale, laine de roche
- Béton armé avec activation thermique des éléments
  de construction
- Enduit intérieur

Élément préfabriqué, pierre reconstituée en béton

Protection soleil extérieure :
- D'après planification des façades (EPP)
- Stores verticaux résistant au vent
- Motorisé, piloté par alarme d'incendie
- Profiles latéraux de glissières de stores derrière
  revêtement en tôle des embrasures

Élément fenêtre :
- D'après planification des façades (EPP)
- Châssis de fenêtre à séparation thermique en
  aluminium, coloré, périphérique, hauteur d'étage
- Raccords périphériques, avec isolation thermique,
  rendus imperméables à la vapeur (intérieur),
  à l'eau (extérieur)
- Revêtement en tôle des embrasures latérales
  et de la base de la protection soleil, tôle sol
  et rebord de fenêtre
- Tôle de laiton, bruni clair ; alternativement en
  tôle d'aluminium, coloré
- Vitrage triple de protection thermique, verre blanc
- Construction intégrale RC4/P6B (sans certificats
  de vérification)

Store intérieur avec tissu diffusant la lumière :
- D'après planification des façades (EPP)
- Système contre-traction (guidage du bas en haut)
- Élément motorisé
- Revêtement de tôle des embrasures latérales
- Tôle de laiton, bruni clair, alternativement en tôle
  d'aluminium, coloré
- Révision par trappe au sol entre les piliers

Trappe au sol dans l'embrasure
- Pour le suivi d'air frais du désenfumage mécanique
- Section libre de 0,2m² par fenêtre au total
- Élément moteur pilotant d'après planification
  des façades (EPP)

Trappe d'évacuation de fumées et de chaleur dans
revêtement en tôle de la partie face avant du plafond :
- pour le suivi d'air frais du désenfumage mécanique
- D'après planification des façades (EPP)
- Section libre de 0,2m² par fenêtre au total
- Volet d'ouverture en forme d'élément battant
- Élément moteur pilotant non visible
- Tôle de laiton, bruni clair, alternativement en
  tôle d'aluminium, coloré

+17.98

+17.67    +17.65    +17.63

+12.85

+12.25

+12.10

+11.83    +11.80    +11.78

Un nouveau vocable est apparu, redouté et magique à la fois : la concurrence entre villes. On ne regarde plus seulement vers Bâle avec ses précieuses collections, non : il s'agit ici de Munich, Stuttgart, Lyon et Milan, de tourisme urbain et de puissance d'action commerciale. La culture fait certes partie des facteurs « mous », mais elle est décisive. Ce ne sont plus des républicains qui vivent à Zurich, mais des consommateurs.

Le chantier a commencé le 3 août 2015 et le « musée du XXI^e » siècle sera ouvert par étapes en 2021.

Le grand hall est un espace public. Sa vaste respiration correspond à l'image de la *g* *city*, de la métropole de Zuri de 2020. Accès monumental, grand escalier est installé à l'extrémité de ce hall, confor ment à l'approche classicisa de Chipperfield.

# Plans de situation
## 1910–2020

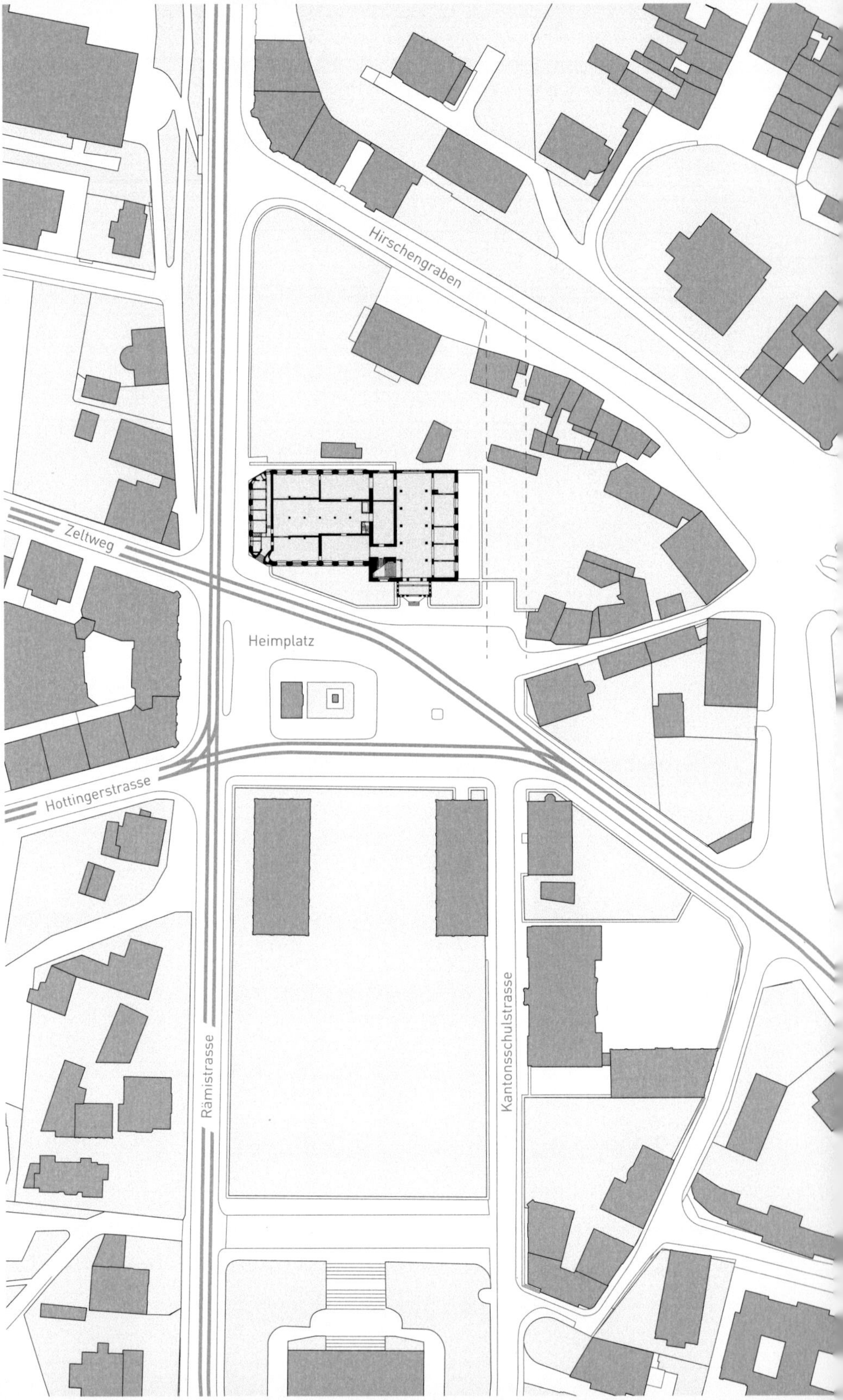

Hirschengraben

Zeltweg

Heimplatz

Hottingerstrasse

Rämistrasse

Kantonsschulstrasse

Plan de situation du Kunsthaus, état de 1910, avec le plan du rez-de-chaussée, plus le premier et le second étage. Vers la vieille ville, les anciennes structures urbaines sont encore conservées.

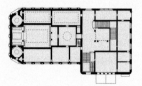

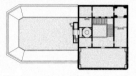

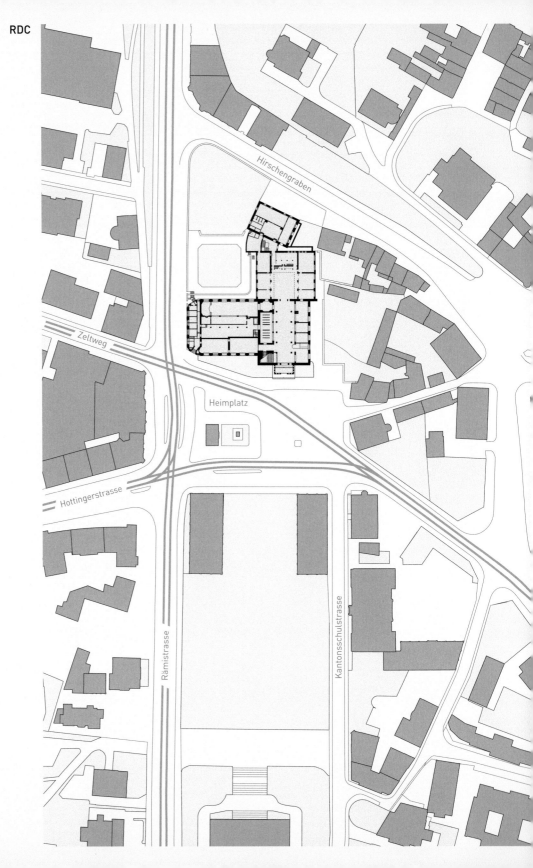

1925

Hirschengraben

Zeltweg

Heimplatz

Hottingerstrasse

Rämistrasse

Kantonsschulstrasse

# 1ER ÉTAGE

# 2E ÉTAGE

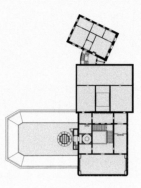

Plan de situation du Kunsthaus, état de 1925, avec le plan du rez-de-chaussée, plus le premier et le second étage. L'extension ferme le hiatus entre le bâtiment des collections et la Villa Landolt. Le Kunsthaus a presque doublé.

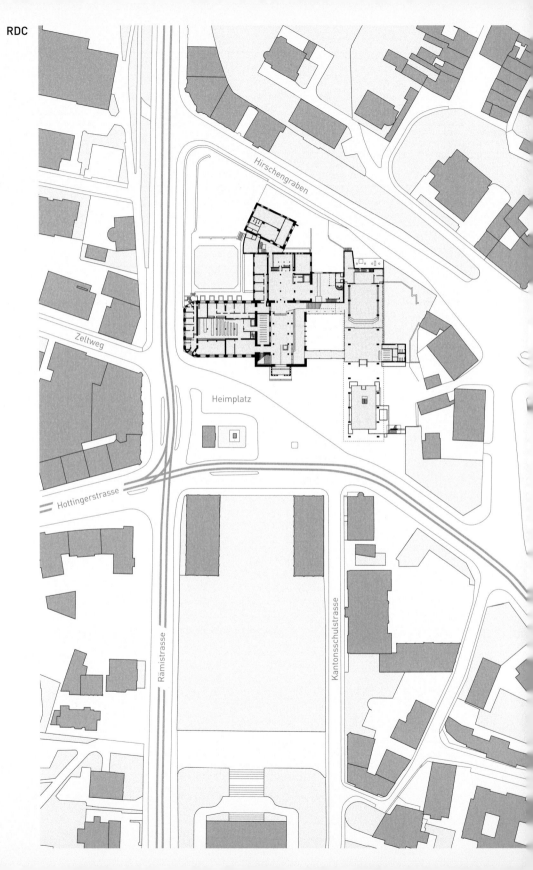

Hirschengraben

Zeltweg

Heimplatz

Hottingerstrasse

Rämistrasse

Kantonsschulstrasse

Plan de situation du Kunsthaus, état de 1959, avec le plan du rez-de-chaussée, plus le premier et le second étage. La salle de lecture a été condamnée, l'ouverture du Pfisterbau se trouve à l'extrémité du foyer initial. La cour jardin est située entre le nouveau et l'ancien bâtiment.

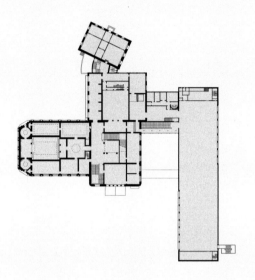

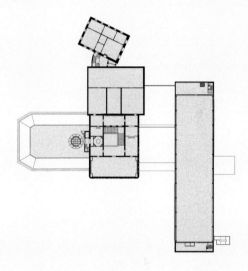

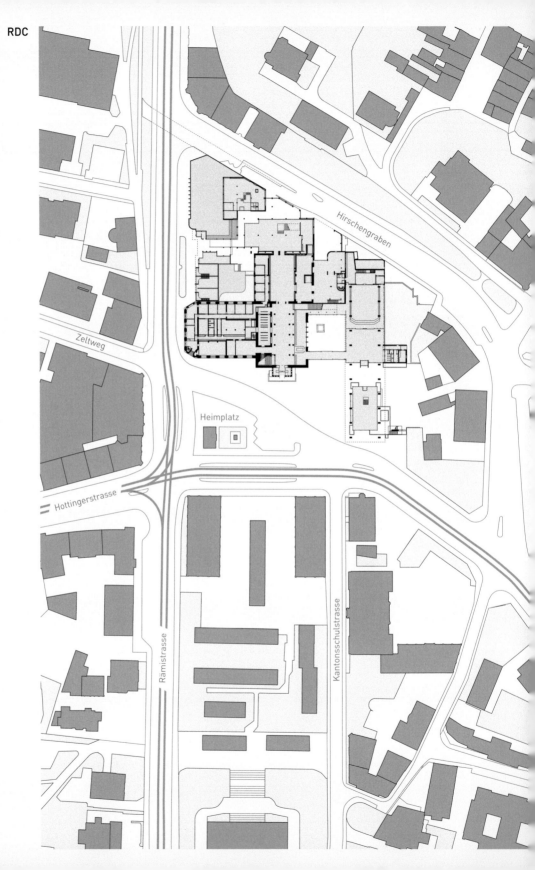

1976

RDC

Hirschengraben

Zeltweg

Heimplatz

Hottingerstrasse

Rämistrasse

Kantonsschulstrasse

## 1ER ÉTAGE

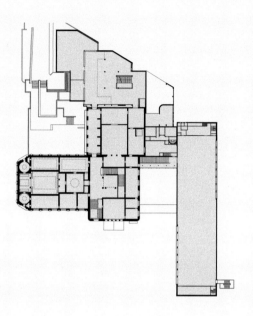

## 2E ÉTAGE

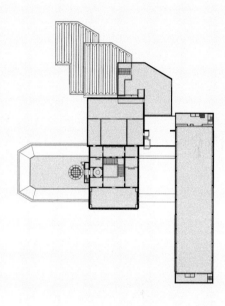

Plan de situation du Kunsthaus, état de 1976, avec le plan du rez-de-chaussée, plus le premier et le second étage. La Villa Landolt a disparu, des baraquements se sont nichés dans le parc de l'école cantonale.

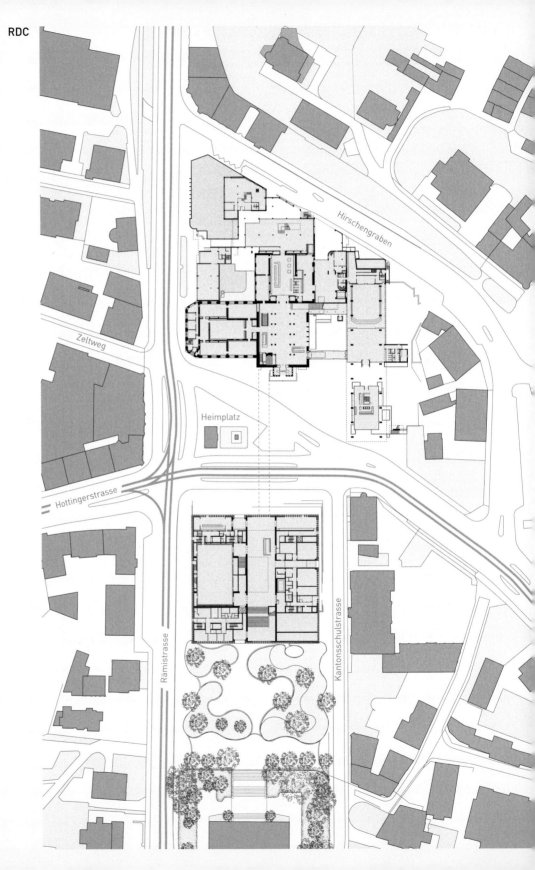

Hirschengraben

Zeltweg

Heimplatz

Hottingerstrasse

Rämistrasse

Kantonsschulstrasse

# 1<sup>ER</sup> ÉTAGE

# 2<sup>E</sup> ÉTAGE

Plan de situation du Kunsthaus, état de 2020, avec le plan du rez-de-chaussée, plus le premier et le second étage. La Heimplatz est fermée, entre l'édifice Chipperfield et l'ancienne école cantonale surgit un jardin des Arts.

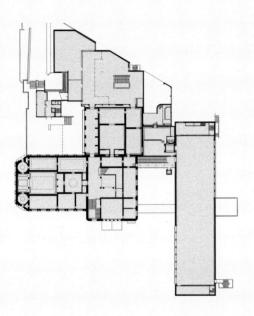

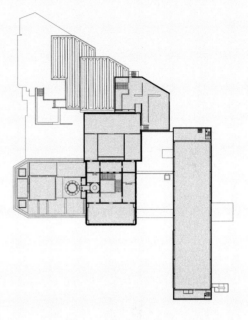

Plans de situation 1910–2020

Plans d'origine :
architectes et diverses
publications

Traitement :
Werner Huber, Łukasz Pietrzak

# BIBLIOGRAPHIE

200 Jahre 1987 : **200 Jahre Zürcher Kunst-gesellschaft 1787–1987**, sous la dir. de la Zürcher Kunstgesellschaft, Zurich, 1987
–

Bärtschi 1983 : Hans-Peter Bärtschi, **Industrialisierung, Eisenbahnschlachten und Städtebau**, Bâle/Boston/Stuttgart, Birkhäuser Verlag, 1983
–

Buomberger 2015 : Thomas Buomberger, « Bührle als Kulturförderer : Eigennutz und Grosszügigkeit », in Thomas Buomberger et Guido Magnaguagnon (dir.), **Schwarzbuch Bührle**, Zurich, Rotpunktverlag, 2015, p. 159-180
–

Chipperfield 2009 : interview de David Chipperfield par Sonja Lüthi, in **Viso** 1/2009
–

City-Ring 1967 : Commission d'urbanisme de la Ville de Zurich, **City-Ring : Bericht und Pläne**, Zurich, 1967
–

Communications Kunstgesellschaft : **Mitteilungen der Zürcher Kunstgesellschaft**, sous la dir. de la Zürcher Kunstgesellschaft, ici années 1991 et 2001
–

Festschrift 1976 : **Kunsthaus Zürich : Festschrift zur Eröffnung des Erweiterungsbaus 1976**, sous la dir. de la Zürcher Kunstgesellschaft, Zurich, 1976
–

Geschichte Kt. ZH 1994 : Bruno Fritzsche *et al.*, **Geschichte des Kantons Zürich, 19. und 20. Jahrhundert**, Zurich, Werd Verlag, 1994
–

Giedion 1922 : Sigfried Giedion, **Spätbarocker und romantischer Klassizismus**, Munich, Bruckmann, 1922
–

Hasche 2006 : Katja Hasche, « Neue Ge-bäudetechnik im Kunsthaus Zürich », in **tec 21** 35/2006, p. 22-28
–

Hochparterre Wettbewerbe : **Hochparterre Wettbewerbe** 1/2009, Zurich, 2009
–

Jehle 1982 : Ulrike Jehle-Schulte Strathaus, **Das Zürcher Kunsthaus, ein Museumsbau von Karl Moser**, Bâle/Boston/Stuttgart, Birkhäuser Verlag, 1982
–

Kunstmuseen 1995 : Peter Bergmann *et al.*, **Schweizer Kunstmuseen. Bauten und Projekte 1980-1994** (cat. expo. Kunsthaus Centre Pasquart, Bienne), Bienne, Architektur-Forum, 1995
–

Linsmayer 2015 : Charles Linsmayer, « Blutgeld vom ersten bis zum letzten Rappen... », in Thomas Buomberger et Guido Magnaguagno (dir.), **Schwarzbuch Bührle**, Zurich, Rotpunktverlag, 2015, p. 129-148
–

Lüpertz 1985 : Markus Lüpertz, « Kunst und Architektur », in **Neue Museumsbauten in der Bundesrepublik Deutschland** (cat. expo. Deutsches Architekturmuseum, Francfort/ Main), Stuttgart, Klett-Cotta, 1985, p. 30-36
–

Mack 1999 : Gerhard Mack, **Kunstmuseen. Auf dem Weg ins 21. Jahrhundert**, Bâle/Berlin/Boston, Birkhäuser Verlag, 1999
–

Magazin : **Kunsthaus Zürich : Magazin, Mit-teilungsblatt der Zürcher Kunstgesellschaft**, ici années 2015 et 2017, parution trimestrielle
–

Mandat d'étude 1989 : étude préliminaire auprès de plusieurs architectes pour recueillir des propositions d'extension du Kunsthaus, Commission de construction II de la Ville de Zurich, 9 février 1989
–

Neubau Schauspielhaus 1964 : « Wettbewerb für einen Neubau des Schauspielhauses Zürich », Bericht des Preisgerichts, Com-mission de construction II de la Ville de Zurich, Zurich, 1964
–

Neue Räume 2002 : **Die neuen Räume. Alberto Giacometti im Kunsthaus Zürich**, sous la dir. de la Zürcher Kunstgesellschaft, Zurich, 2002
–

Neujahrsblatt 1911 : **Neujahrsblatt der Zür-cher Kunstgesellschaft 1911**, sous la dir. de la Zürcher Kunstgesellschaft, Zurich, 1911, p. 44
–

Numéro spécial 1995 : **Kunsthaus Zürich : Magazin, Mitteilungsblatt der Zürcher Kunstgesellschaft**, numéro spécial : « Villa Tobler. Die schönste Jugendstilvilla Zürichs für das Kunsthaus », 4/1995
–

Rapport 1989 : Rapport de la Commission de construction II de la Ville de Zurich, 21 novembre 1989 (rapport du jury, étude préliminaire)
–

Rapport annuel 1946 : **Jahresbericht**, sous la dir. de la Zürcher Kunstgesellschaft, Zurich, 1947
–

Rapport annuel 1968 : **Jahresbericht**, sous la dir. de la Zürcher Kunstgesellschaft, Zurich, 1969
–

Rössling 1986 : Wilfried Rössling, **Curjel & Moser Architekten in Karlsruhe**, Karlsruhe, Verlag C.F. Müller, 1986
–

SBZ 77/19 : **Schweizerische Bauzeitung**, 77ᵉ année, cahier 19, 7 mai 1959
–

Strebel 1990 : Ernst Strebel, « Umbauen, ergänzen, neu interpretieren », in **Werk, Bauen + Wohnen** 5/1990, p. 14-18
–

Vonesch 1980 : Gian-Willi Vonesch, **Der Architekt Gustav Albert Wegmann (1812-1858) : ein Beitrag zur Zürcher Archi-tekturgeschichte**, Zurich, Juris, 1980-1981
–

Von Moos 2010 : Stanislaus von Moos, « Karl Moser. Die Kunst. Das Haus : Hand in Hand mit der Kunst seiner Zeit schafft Karl Moser ein modernes Museum », in **100 Jahre Kunsthaus Zürich**, supplément NZZ, 17 avril 2010, p. 13-17

# MENTIONS LÉGALES

Cette publication accompagne l'ouverture de l'extension du Kunsthaus Zürich à l'automne 2021.

Elle a été réalisée avec le soutien financier de la « Einfache Gesellschaft Kunsthaus-Erweiterung » (EGKE).

–

Conception éditoriale : Kunsthaus Zürich
Texte : Benedikt Loderer
Traduction : Denis-Armand Canal et Martine Passelaigue
Relecture et correction :
Martine Passelaigue, Isabelle Liber
Conception graphique : Büro4, Zürich
Plans : Werner Huber, Łukasz Pietrzak
Lithographie, impression et reliure :
DZA Druckerei zu Altenburg GmbH, Thuringe

–

© 2020 Einfache Gesellschaft Kunsthaus-Erweiterung, Zürcher Kunstgesellschaft/ Kunsthaus Zürich et Verlag Scheidegger & Spiess AG, Zurich

–

Verlag Scheidegger & Spiess
Niederdorfstrasse 54
8001 Zurich
Suisse
www.scheidegger-spiess.ch

–

La maison d'édition Scheidegger&Spiess bénéficie d'un soutien structurel de l'Office fédéral de la culture pour les années 2016–2020.

ISBN 978-3-85881-860-7

Édition allemande :
ISBN 978-3-85881-676-4

Édition anglaise :
ISBN 978-3-85881-859-1